JN123981

中学生・高校生向け

アンガーマネジメント・レッスン

Transforming Anger to Personal Power:
An Anger Management Curriculum for Teens

怒りの感情を自分の力に変えよう

スーザン・ジングラス・フィッチェル 著
Susan Gingras Fitzell

佐藤恵子・竹田伸也・古村由美子 訳
Sato Keiko Takeda Shinya Furumura Yumiko

遠見書房

献　辞

　マイク・トーチ，ジーン・リンカー，アービー・オズマン，ジェフェリー・サリバンからたくさんの励ましとこの本を世に送りだす機会を与えていただきました。

　また，本書を執筆するにあたり，目標を明確にし，編集を手助けしてくださったアーリーン・アイヴァーソンに深く感謝申し上げます。

訳者まえがき

　私がアンガーマネジメントに出会うまでの経緯をお話しします。私は，20代より，幼児から中学生までたくさんの子どもたちと身体表現による演劇活動をしていました。そこで出会った子どもたちと接する中で，心と身体のつながりを意識するようになりました。それが，臨床心理学への道に通じ，今があります。

　その後，臨床現場（精神科クリニック等）や学校現場で出会う大人や子どもが自分の怒りの感情をうまくコントロールできず，自分や他者を傷つけてしまい苦しんでいる姿を目の当たりにしました。

　学校現場では「いじめ」がクローズアップされていました。いじめだけではありません。人間関係が築けない，やる気が起きない，不登校，親子関係などさまざまな問題がありました。どの問題をとっても，背景には怒りの感情があり，その感情を表現できず，コミュニケーションにも苦慮していることがわかりました。

　また，長年，個人的にも「怒り」については関心があり，さまざまな文献や論文を読んだりしました。「アンガーマネジメント」という手法があることやそれはアメリカから広まったことを知ると渡米して学び，臨床現場や学校現場で実践できるアンガーマネジメントのプログラムを作りたい思いが強くなりました。

　この時期，私は東京都の公立中学校のスクールカウンセラーをしていて，学校長に「いじめはいけないと言うだけ，また，いじめの早期発見のためのアンケートをやっているだけでは，根本的にはいじめは減らない。まず予防教育が必要なので，アンガーマネジメントを取り入れた授業を導入してほしい」と進言しました。学校長も

「いじめの問題はどの学校現場でも喫緊の課題であるが，それだけではなく，これから生きていく子どもたちはさまざまな国の人たちと関わり，文化や価値観の違いの中で生きていくだろう。葛藤場面もたくさんあると思う。そういう中で，自分の感情をコントロールし，人間関係を築くことが大事な世の中になっていくのでアンガーマネジメントをパイロット授業としてやろう」と賛成してくれました。

このような流れの中で，アンガーマネジメント・プログラムの作成が始まりました。そのときに，一冊の本に出会いました。それが，スーザン先生の『*Transforming Anger to Personal Power*』でした。たくさんの本の中から，「これだ！」とピンときて，一気に読み，読み終わると著者スーザン先生にすぐにメールを送りました。返事をいただけるとは思ってもいなかったので，返事をいただいたときは，驚きと嬉しさでいっぱいでした。これがスーザン先生との直接の出会いでした。私が「日本でアンガーマネジメントのプログラムを作り，子どもたちに伝えたい。スーザン先生の本を参考にしたい」と伝えると，とても喜んでくださいました。それ以来，アンガーマネジメントを伝えていく上で，ときにはスーザン先生に相談したり，アドバイスをいただいたりして，今日までやってきました。

スーザン先生はもともと教員をしていて，特に特別支援教育に関する本も多く出版しています。アメリカ全土にわたり教員を対象に講演や研修をしているため，忙しいにもかかわらず，必ず返信をくれ，私の疑問に答えてくれました。「2年前，『*Transforming to Anger to Personal Power*』の改訂版を出版したので，日本語に訳してほしい。ぜひ，恵子にやってもらいたい」と思ってもみない提案をいただきました。私は，スーザン先生の提案に「ぜひ，やらせてほしい」と伝えました。そして，竹田伸也先生と古村由美子先生の協力を得

て，日本語版を完成することができました。

　今，学校現場ではアンガーマネジメントが求められています。私も多くの学校で教員を対象に研修，また児童・生徒を対象に授業をやってきました。学校現場で働く教員やスクールカウンセラーもアンガーマネジメントの授業をやりたい，やってほしいと頼まれることも多いのではないでしょうか。アンガーマネジメントを伝えたいと思っている方々が，この本を読んで参考にしていただけたら嬉しいです。

　本書では，中学生・高校生向けのアンガーマネジメント教育がLesson 1 から Lesson 8 までで構成されています。グループで実施することもできます。レッスンの中にある「試してみよう」を通して，自分自身に向き合ったり，ロールプレイを通して人との関わりを振り返ったりできるようになっています。資料の中にはプログラムを実施するときに使用できる配布資料がありますので，活用してください。各レッスンの概要は以下の通りです。

- Lesson 1 では，アンガーマネジメント・プログラムに参加する理由をグループ内でお互いに話し，率直な気持ちを伝え合う機会にします。参加する理由を明確にすることで，参加動機（モチベーション）が高まるため，プログラムからの逸脱を防ぐことができます。
- Lesson 2 では，自分の中に起こる感情はどんな感情でも OK で，ありのままに感じてよいことを参加者に伝え，理解してもらいます。怒りの感情だけにフォーカスするのではなく，怒りの感情と結びついた感情についても学びます。
- Lesson 3 では，怒りの生理的定義に始まり，怒りの引き金に

なるものは何かを理解していきます。怒りの感情が起こるときは，必ず引き金になるものがあります。その引き金を知ることで，自分の怒りに振り回されなくなります。

・Lesson 4 では，化学物質の乱用がどのように感情と結びついているかを学びます。感情だけではなく，身体にも影響を与えるので，思春期の子どもたちには知ってほしい内容です。

・Lesson 5 では，日頃，何か出来事が起こったとき，私たちは，自分の中にある見方やルールに従って，無意識に反応してしまうことがあります。まず，自分が無意識にとっている行動や役割，自分の中にある見方やルールに気付くことで，自分の行動をコントロールしたり，怒りのコントロールの仕方を意識的に選んだりできるようになることを学びます。

・Lesson 6 では，感情とセルフトーク（頭に浮かんだ言葉＝考え）を理解します。このレッスンは，今まで学んできたことをまとめるのに役立ちます。ここでは，グループの年齢（中学生あるいは高校生）に即したシナリオが用意されていて，それに対する回答を回答用紙に書いてもらいます。このワークを通して，セルフトーク（考え）が感情を生み，行動を引き起こすことを理解します。

・Lesson 7 では，感情を表現することを学びます。ブレインストーミングを通して，人はどのように怒りを表現しているか，対処しているかを話し合います。「試してみよう（オプション）」では，実際に怒りを表現するロールプレイを行います。

・Lesson 8 では，対立が起きたときや脅威を感じたとき，どう対処したらよいかを話し合い，考えます。自分の中にある力を保つためのいくつかの方略を学び，その方略について話し合います。自分は今どう感じているか，何を必要としているかを「私

は」を主語にして相手にアサーティブに伝えるコミュニケーションを学びます。誰にも健康的な選択肢があることをこのレッスンを通して学びます。

　本翻訳書は，遠見書房代表の山内俊介さんのご理解のもと，出版する機会をいただきました。編集者駒形大介さんからはたくさんのアドバイスや励ましをいただきました。また，この本を翻訳するにあたり，鳥取大学大学院医学系研究科竹田伸也教授と名古屋外国語大学外国語学部古村由美子教授からたくさんご協力いただきました。この本の完成に携わってくださった方々に心より感謝申し上げます。

　そして，常に毎回原稿に目を通してくれて，細かい文言のチェックをしたりコメントをくれた家族に心から「支えてくれてありがとう！」と伝えたいと思います。

　怒りの感情に，そしてアンガーマネジメントに関心を持ったことで，スーザン先生に出会うことができ，この本を出版することができました。この本を翻訳するまでに出会ったすべての方々，そしてこの本を手に取ってくださった皆様に心から感謝いたします。皆様がこの本を授業やさまざまな領域でのグループワークに活用してくだされば幸いです。

佐藤　恵子

アンガーマネジメント
──平和教育の１つの方法

　８週連続８回目のセッション。私は小さな部屋に入り，生徒たちの椅子の輪の中に座りました。７人がさまざまな表情を浮かべながら私を見ていました。その表情は最初の１週目のときの表情──無関心，怒り，呆れた表情──とは打って変わって，グループへの思いやり，受容，心地よさへと変化していたのです。

　私は，共同進行役と目を合わせたあと，生徒たちを見まわし，彼らに質問を投げかけてみました。「この７週間で，怒りについてどんなことを学びましたか？」と。生徒たちの目は，私に向けられていました。私は，かなり早いうちから，このグループに質問を投げかけても，個別に声をかけて参加を促さない限り，彼らの反応を期待できないことを理解していました。ところが今は，いったん彼らが話し始めると，表現の波が押し寄せるように，グループの様子は受動的な観察者から積極的な参加者へと変わっていったのです。

　私はマットを見て待っていました。私が投げたボールをしっかりと返してくれることを期待して。そして彼は，私の期待に応えてくれました。「怒りは，二次感情です」とマットは答えました。「それはどういう意味なの？」と私は彼に尋ねてみました。「怒りがわき起こる前に，別の感情があるってこと。そして，その別の感情はあっという間に怒りに変わっちゃう」とマットは答えました。私は，マットに微笑みながら謝意を伝え，彼の隣に座っている若い女性を見ました。

おしとやかで控えめな彼女は，このグループには不向きなように見えるかもしれません。でも，人は見た目で判断できないのです。壁に止まっているハエがこのグループを眺めていたとしたら，参加者の間に共通点があるなんて思わないでしょう。このピアグループには，さまざまな生徒が参加します。参加した生徒は，学校主任やカウンセラーに紹介されたり，自ら進んで参加したりしました。参加しようと思ってもすぐにはできなかった生徒は，待機リストに登録されることになりました。

　このグループは，停学の代替プログラムとして，生徒たちに提示されています。生徒が，この8週間からなるアンガーマネジメント・プログラムに参加することを選べば，停学処分は免除されます。けれども，生徒がセッションを欠席したら，そのときは停学処分を受けなければなりません。おおむね，このプログラムは効果があり，毎回の出席率も良いようです。

　エレンは，よく考えながら私を見ました。彼女は，怒りを感じたとき，私たちには選択肢があることを学んだと答えてくれました。そして，こうも答えたのです。「人はその場から立ち去ることを選ぶこともできるし，そのときの状況について考え方を変えることもできる」と。エレンの発表をもとに，私は怒りの生理的・心理的側面と，数週間前に話した怒り反応について復習しました。

　「怒りは，引き金になるのでしたね」と私は話し始めました。「そうすると，身体には闘争・逃走反応が現れ，セルフトークを始める。ポジティブなセルフトークを選べば，怒りに対処するためのポジティブなステップを踏むことができる。でも，ネガティブなセルフト

ークを選んでしまえば，怒りはますますエスカレートする」エレン
が言ってくれたことを，レッスンで用いた言葉で伝えてみました。
誰もが自分の行動を選択し，怒りをコントロールできる。そう感じ
られるような言葉によって，アンガーマネジメントに関する抽象的
な概念を説明する。それこそが，アンガーマネジメント・プログラ
ムを成功に導く鍵となります。

　エドがこう言いました。「まぁ，どこかのバカなやつが俺のガール
フレンドを口説いても，それはそれで腹が立つけどね」。私は，生徒
たちを見まわし，彼らの目が輝いているのを理解しました。共同進
行役のマイクが「誰かがみんなを怒らせることができると思う？」
と尋ねました。すると，何人かが「いいえ」と答えました。ここで
の合意事項は，怒りは何かがきっかけとなって引き起こされる，と
いうことです。

　私は，「どうしてこのことを理解することが重要だと思う？」と生
徒たちに尋ねてみました。生徒たちは，私が尋ねたことを考えてく
れたようでしたが，誰も答えませんでした。私はさらに続けてみま
した。「『誰かがあなたを』怒らせたとしたら，誰があなたの感情を
コントロールしているのだろう。『誰があなたを』って言った場合，
怒りをコントロールしているのはいったい誰？」すると，普段あま
り積極的に参加しないスティーブが答えてくれました。「相手がコン
トロールしていることになる」と。

　私はこう尋ねてみました。「何かが怒りの引き金になったら，誰が
コントロールできるの？　そのための力を持っているのは誰？」部
屋を見渡すと，生徒たちの目に力が宿るのを感じました。彼らは答

えたのです。「私たちです！」

　このアンガーマネジメント・プログラムの目標は，自分たちは決して社会の無力な犠牲者ではないことを，子どもたちが理解するのを促すことです。子どもたちは，自分の人生や感情をコントロールし，怒りに対して健康的な反応を選択する力を持っています。子どもたちの考えを生み出す社会的，文化的，個人的な影響を理解し，彼らを勇気づける言葉を用い，自分らしく行動できるようになることが，グループセッションの効果を高める鍵となります。

　私と共同進行役は，このプログラムが生徒の行動に与える効果について，集団場面や個人セッションで確認してきました。生徒は，自分の考えや行動を自分で観察するための新しいものさしを手に入れました。そうすると，何かを選択する場面で自分自身を見つめ，気づき，より良い選択をするようになるのです。セッション以外の時間に生徒と話をするとき，このプログラムで学んだ言葉を用いることで，アンガーマネジメントの効果をより定着させることもできます。

　ある生徒が目を輝かせながら「気分はどうですか？」と尋ねてきたとき，私たちが変化をもたらしていることを実感しました。彼が何を求めてそう尋ねたのかを理解した私は，「腹が立つわ！」と答えました。すると彼は，「それは二次感情だよ。その言葉は，使ってはダメ。本当は何を感じているの？」と言ったのです。

　怒りのコントロールを誤ると平和を損ねてしまうので，アンガーマネジメントは平和教育のカリキュラムには不可欠です。世界平和

への道を切り開くことを考える前に，私たちは家庭で若者が心の中でどのような体験をしているかを知ることから始めなければなりません。そうすることで，若者たちの怒りに建設的に対処することができるのです。私は，一緒に活動している 10 代の若者たちからそう学びました。

序　章

　この本は，中学生や高校生と一緒に活動してきた5年間の成果に基づいた，より効果的なアンガーマネジメント・プログラムです。この本に書かれていることは，私が創始者というわけではありません。ですが，これまでの実践を通して，何がうまくいき，何がうまくいかないかについて学ぶことによって，より良いアンガーマネジメント・プログラムができあがりました。

　このプログラムでは，ワークシートをほとんど用いません。こうしたプログラムを実践する教師やカウンセラーは，一般的にワークシートを好みます。ですので，ワークシートを使わないのもどうかと思う人もいるかもしれません。ですが，私の経験では，生徒は一般的にワークシートを使わなくても問題ありません。かつて，私は生徒用ハンドブックを試してみましたが，それはうまくいきませんでした。結局ハンドブックは使われることなく，机の中に眠ったままでした。ワークシートは適当に書かれてしまい，生徒からも「書かされた！」という不満の声が多かったのです。それに，ワークシートを全然うまく書けない生徒もいました。このプログラムには配布資料も含まれていますが，ワークシートは必須の練習問題の1枚だけです。ワークシートは，アンガーマネジメントの力を高める練習の1枚だけだと説明すると，生徒たちはシートに書くことへの不満を抱くことはなくなります。

　思春期の子どもたちは，話したい，考えたい，共有したい，比べたい，評価したい，分析したい，挑戦したいと思っていることがわ

かりました。それらが，彼らが求めている活動なのです。そのため，私はこのプログラムからハンドブックとワークシートをすべて取り去りました。その代わりに，進行役と生徒が情報をわかりやすく簡単に理解できるようにレッスンを構成してみました。

本書の最も重要な点は以下の通りです。

プログラムの進行

プログラムは，いくつかのレッスンから構成されています。私は，本書で述べたレッスンの順序通りに進めることを強くお勧めします。

根本となる考え方

この本は，生徒たちが自分の力に気づき，それを育むことを伝えようとしています。大人が若者を治そうとしたり，生き方を教えようとしたり，大人の方が物知りであることを見せつけようとしたりするのではありません。大人の都合に合わせて自分たちを変えようとしていると思春期の生徒が思ってしまうと，彼らは自分たちの持っている力を損ねてしまうのです。だからこそ，この考え方は重要なのです。

進行役の構成

これらのレッスンは，教師が教室で実践することができます。ですが，このプログラムをアンガーマネジメントの心理教育的なグループとして用いるのでしたら，共同進行役がいた方がよいでしょうし，進行役と共同進行役の性別が異なっていた方がベストでしょう。進行役と共同進行役のいずれかはカウンセラーが理想です。もう一

人は教師やソーシャルワーカー，または思春期の子どもたちについての知識を持つその他の専門家がいればよいでしょう。

プログラムの目的

グループセッションの目的は心理教育であって，治療ではありません。このプログラムを治療として使用することはプログラムの目的を逸脱してしまうので，うまくいかないかもしれません。

フォローアップ

効果を出そうと思うと，レッスンだけでは十分ではありません。生徒には，困ったときに相談できる場所や人がいることを理解してもらう必要があります。また，グループ内で個人的なことを話したいと思う生徒は多いでしょう。ですが，個人的な問題は避けるべきです。なぜなら，このプログラムは治療を目的としているわけではないからです。グループを治療的に用いようとして，本来のレッスンが進められなければ，プログラムの効果は得られないでしょう。

プログラムの理論モデル

このプログラムは，武道，東洋の哲学，認知的スキル，脳科学，教育心理学といったいくつかの知識体系に基づいています。

＊　　　　＊　　　　＊

プログラムの重要な部分——レッスンで伝えられたアイデア——は，視覚的なツールを通して理解することができます。付録Aには，教師や他のプログラムの進行役がレッスンを行うときに使用することができるいくつかの図表が掲載されています。

この図表を最も効果的に使うには，自分やグループの状況に合わせて，説明用図表のページに自分専用の図表を作成することです。付録にある図表のイラストは，絵が苦手な人でも簡単に描けるように，あえて簡単なものにしています。

サンプルの図表を使ってスライドを作成したり，レッスンの進行に合わせて図表のコピーを生徒に配布したりすることもできます。ですが，これらの方法では，説明用図表のように，学ぶ内容を段階的に示すことができません。レッスンの進行に合わせて学ぶ内容を示すことで，生徒はワクワクしながらレッスンに集中することができます。

必要に応じて，レッスンには特定の図表を表示するよう指示されています。これらの指示が出てきたら，図表全体を表示するか，情報を少しずつ伝えるか，いずれかを選択することができます。図表を表示する指示が出た場合，その図表がレッスンで参照できるようになっています。

このプログラムは，生徒たちが感情をコントロールする力を育てるためのスタート地点です。これまでの生徒たちは，何年もかけて怒りのコントロール方法を学んできました。生徒たちの挑戦からもわかるように，新しい方法を学ぶには何年かかかるかもしれません。このプログラムは，怒りとうまく付き合うための変化に向けた確実な一歩となります。

目　　次

資　　料

中学生・高校生向けアンガーマネジメント・レッスン

怒りの感情を自分の力に変えよう

LESSON 1
アンガーマネジメントを始めるチャンス

重要な考え
- 基本ルールの徹底は，プログラムの成功と生徒の安全のために不可欠です。
- 生徒には，機会を受け入れるか，拒否するかの選択権があります。
- このプログラムは教育プログラムであり，カウンセリングや治療ではありません。

資料
アンガーマネジメントを始めるチャンス（図表 1.1）。

手順
1. 図表 1.1 を使用しましょう
   アンガーマネジメントを始めるチャンス：
   基本ルール
   ここにあなたがいる理由は？
   自分のことを言うか言わないかを選ぶのは自分自身
   あなたへの期待

基本ルール

2．生徒に伝えましょう
- みんなが安心して過ごせるように，基本ルールが必要です。

3．生徒に聞いてみましょう
- グループには，どのような基本ルールを設けるべきだと思いますか？

4．ブレインストーミングを行いましょう
- みんなで共有できる基本ルール。

5．グループのルールを決定しましょう
  例
- グループの参加者を尊重する。
  （具体的にしてください。例えば，一度に一人が話す，相手の話をしっかりと聴く，参加者を非難しないなど）
- 暴言暴力をしない。
- 自分を守るために，ここにいない人の名前を持ち出さない。
- グループの参加者の言動は口外しない。
- ここで起こったことは，グループの外に持ち出さない。

ここにあなたがいる理由は？

1．生徒に次のことをしっかりと伝えましょう
- 今日は，あなたがここにいる理由について，質問をしたり意見を述べたりする一度きりの機会です。明日以降，このような話し合いは行いません。
- この話を今回だけにする理由は，毎回この話題を蒸し返すこと

に時間を費やしていては，プログラムを理解することができず，結果的にあなたと私たちの時間が無駄になってしまうからです。

・私たちは，このグループを，あなたが成長し，人生であなたが望むものをより多く得るための方法を学ぶ機会として利用してくれることを願っています。

注意：この最初のセッションでは，生徒がアンガーマネジメント・プログラムに参加している理由を話したり，質問をしたり，気になることを話し合ったりすることができます。このセッションで，どうしてプログラムに参加したか，自分の率直な気持ちを生徒は述べることになります。それを認めることによって，今後のセッションで生徒がプログラムから逸脱することを防ぐことができます。

2．生徒に質問をして議論を深めましょう

　例

・あなたがここにいる理由はなんですか？

・自分はこのグループの一員だと思いますか？

・このグループに入ったきっかけは何ですか？

・ここにいることをどのように感じていますか？

・このグループは，あなたの助けになると思いますか？　そう思う理由，またはそう思わない理由を話してください。

自分のことを言うか言わないかを選ぶのは自分自身

1．話し合いましょう

・あなたは，自分のことを言うか言わないかを選ぶことができます。

注意：すべてではないにせよ，生徒の中にはアンガーマネジメント・プログラムへの参加を勧められたことに強い不満を抱いていることがあります。彼らは，アンガーマネジメント・プログラムに渋々参加してきます。このプログラムへの動機づけを高めるために，これは決して罰ではなく，彼らにとって良いチャンスであることを理解してもらう必要があります。

2. 次のように言って場を整えましょう

・私たち進行役は，あなたを別の誰かに変えるためにここにいるのではありません。あなたが間違っているとか，ダメだとか言うためにいるのでもありません。私たちは，あなたを「治そう」とするためにここにいるのではありません。そうではなく，あなたが自分に合った方法で自分自身を守るのをお手伝いするためにここにいるのです。私たちは，あなたが怒りを感じたときに，自分のためになるような選択肢を選べるようになるためにここにいます。

・私たちは，先生や学校などあなたたち以外の誰かのためにここにいるのではありません。私たちは，あなたが本当に望むものを得られるような選択をしているかどうかに関心があります。何かをうまくやり通せること，トラブルに巻き込まれないこと，誰かの犠牲になったり誰かにコントロールされたりしないこと。そうした手助けができるよう，私たちはここにいるのです。

注意：この表現には，必要に応じてさらに具体的な表現を加えても構いません。また，初回は必ずしも重要な表現やたとえを紹介するのに適しているとは限りませんが，変化に向けた生徒たちの動機づけを高めるために，次のような表現やたとえを使うこともできます。必要に応じて，さまざまな質問や発言を通して，大切なことを思い出させてく

ださい。

　セルフトークとは何でしょうか？　セルフトークにはネガティブなものとポジティブなものがあります。あなたが怒りを感じたときのことを思い出してください。そのとき，例えば，「あいつのせいで腹が立った」，「あの人が私を怒らせた」というような考えが頭に浮かんでいなかったでしょうか。探偵になったつもりで，どんな考えがどんな行動につながるかを探ってみましょう。

　誰かがあなたの怒りの引き金となり，あなたがそれに反応してネガティブなセルフトークが頭に浮かんだときには，あなたはまるで糸で操られた人形のように，他人にコントロールされて行動していることになります。あなたは，そんなふうに誰かの操り人形になりたいですか？

　思春期の若者の中には，自分が誰かの操り人形であることを想像したくない人もいると思います。その場合，操り人形のたとえではなく，釣り針からエサをとる魚のたとえを使うとよいでしょう（p.37の注意参照）。

あなたへの期待

1．あなたと生徒の双方に期待することを話し合いましょう

次のように生徒に伝えてください。

・この授業は，治療やカウンセリングではありません。私たちがここで行うのは，成長するための教育です。もし，心配事や個人的に腹立たしく感じたこと，学校全体や教室で起こったことなど，個別に話す必要がある場合は，相談に応じますので予約を取ってから来てください。そのときは，必要な時間を確保するようにします。

注意：治療グループと心理教育グループを区別することはとても重要です。治療やカウンセリングに参加したことがある生徒は，今回も治療やカウンセリングであるかのように考えて行動するかもしれません。ここでのレッスンを効果的に行うためには，治療やカウンセリングではなく，生徒の成長を促すための教育的な関わりが求められます。生徒の個人的な問題を話し合うことにセッションが費やされてしまうと，そのグループはアンガーマネジメント・プログラムではなく，治療グループになってしまいます。グループが生徒の個々の問題に焦点を当ててしまうと，プログラムをうまく終えることが難しくなります。

2．生徒からの質問に答えましょう

　このレッスンでは，一次感情と二次感情について紹介しています。一次感情とは，私たちが最初に感じる感情のことです。例えば，恐怖，喜び，悲しみ，受容などが一次感情にあたります。二次感情とは，一次感情から認知（考え）を経て生まれる感情のことです。例えば，イタズラされて驚いたとき，私たちはすぐに恐怖を感じます。でも，それがわざとだと「思う」と，イタズラをした人に怒りを感じます。怒りは，専門家の一部は一次感情に分類しますが，他の専門家からは二次感情と分類されることもあります。

　恐怖や悲しみなどの一次感情は，それが十分に強い場合は怒りにつながることがあります。また，侮辱された，圧力をかけられた，だまされた，などと感じることもあります。これらの感情がそれほど強くなければ，私たちは「怒りを感じている」とは言わないでしょう。しかし，これらの感情が強ければ，私たちは一般的に「怒りを感じる」と言います。このように，怒りは一次感情が強まった後に生じる感情なのです。

　抑うつも二次感情の１つです。抑うつには，落胆，絶望，孤独，孤立，誤解，圧倒された，攻撃された，無力な，支持されていないなどの感情が含まれます。通常，抑うつにはこれら複数の感情が混在しています。

　「怒っている」や「落ち込んでいる」のようなおおざっぱな言葉

は，自分が満たされていない感情的なニーズを理解するうえで，あまり役に立ちません。「腹が立った」と言うだけでは、どうすれば気分が良くなるのか、自分にも相手にもわかりません。けれども，「プレッシャーを感じている」「追い詰められている」「見下されている」と言えば，満たされていない感情的なニーズが何であり，何をすれば気分が良くなるのかがはっきりします。シンプルで効果的なテクニックは，怒りの底にある一次感情を見つけ出すことです。したがって，このレッスンでは，怒りは二次感情とみなします。怒りにいたるまでの感情は，最初にやってくるので一次感情とみなします。

参考文献

Elder, J. (2004). "The Anger Management Pyramid," Retrieved June 1, 2006 from http://www. jelder. com

Munro, K. (2002). "Feelings: Identifying How You Feel," Resources for Healing. Retrieved June 1, 2006, from http://www. kalimunro. com/article_feelings_body. html

Straker, D. (2002–2006). Changing Minds, Retrieved June 1, 2006, from http://changingminds. org/explanations/emotions/basic%20 emotions. htm

LESSON 2
私たちはどんな感情でも
ありのままに感じてよいのです

重要な考え

・ 思春期の若者には，どんな感情でもありのままに感じてよい権
　利があります。

・ 私たちはどんな感情でもありのままに感じてよいのです。

・ 私たちは自分の感情や行動に責任があります。

・ 感情には一次感情と二次感情の 2 種類があります。

・ 怒りは説明できる感情です。

資料

次の記述は正しいですか？（図表 2.1）

一次感情をいくつか挙げてみましょう（図表 2.2）

自分の感情は自分のものです（図表 2.3）

私たちは選ぶことができます（図表 2.4）

私たちが怒りを感じるとき……（図表 2.5）

「気分」の配布資料のコピー（任意，133 ページの図表 6.1）

手順

次の記述は正しいですか？

1．図表 2.1 を使用しましょう

次の記述は正しいですか？

私には，自分が感じたことを感じる権利があります。

私はどんな感情でもありのままに感じてよいのです。

私がどんな感情を抱くかは，自分次第です。

2．生徒に聞いてみましょう

・これらの記述は正しいですか？

・あなたには，自分が感じたことを感じる権利がありますか？

・あなたは，自分の気持ちを表現してもよいと思いますか？

・他人から「そんなふうに感じてはいけないよ」と言われたこと
はありますか？

・他人から「大げさだよ」と言われたことはありますか？

・そのようなことを言われたとき，あなたはどのように感じまし
たか？　そのような言葉を聞いて，どんな意味に受け取りまし
たか？

3．怒りの原因となる感情が見つからない場合，もっと具体的な質
問をしてみましょう

例えば，次のような質問です。

・一日にたくさんの宿題が出されたことはありますか？　そのと
き，どんな気持ちでしたか？

・しっかり勉強したのに，テストでうまく点が取れなかったこと
がありますか？　そのとき，どのように感じましたか？

・「自分を何様だと思っているんだ！」とか「おまえはバカだ」と
言われたことがありますか？

ここでは，生徒が「イライラする」,「くじけそうな」,「嫉妬した」,

「失望した」,「見下された」などの言葉が出てきそうな質問をしてみましょう。

4. 話し合いましょう
   ・ 他人が私たちの気持ちを否定したとき，どのように感じるでしょう。

5. 生徒に伝えましょう
   ・ あなたには，自分の感情を感じる権利があります。私たちはどんな感情でもありのままに感じてよいのです。
   ・ あなたには，感じる権利があるだけでなく，その感情やそれとどう向き合うかに責任があります。

一次感情を挙げてみよう

1. 図表 2.2 を使用しましょう
   一次感情をいくつか挙げてみましょう。
   怒りは二次感情です。

2. 話し合いましょう
   ・ 一次感情と二次感情の違いについて。

★試してみよう：一次感情をいくつか挙げてみましょう

・ 一次感情にはどのようなものがあるか，生徒に尋ねてみましょう。
・ 生徒が挙げた感情を，図表 2.2 にリストアップします。
・ 必要に応じて「気分」の配布資料（図表 6.1）を生徒に参照してもらいます。

注意：「試してみよう」で挙げる言葉は，行動ではなく感情であること
を確認してください。生徒は，しばしば感情表現を思い浮かべること
が難しいようです。例えば，「彼をたたきのめしてやりたい気持ちに
なる」とか「彼女を諭してあげたい気持ちになる」のように言って
しまいます。そうではなく，「傷ついた」や「バカにされた感じがす
る」と言えることを目指しましょう。

自分の感情は自分のものです

1. 図表2.3を使用しましょう

自分の感情は自分のものです。

自分がどんな感情を抱くかは自分次第です。

誰も私たちの感情をコントロールすることはできません。

誰も私たちを怒らせることはできません。

人々は私たちの怒りの引き金となるのです。

私たちは自分がどう感じるかを選んでいます。

2. 話し合いましょう

・「誰も私たちの感情をコントロールすることはできない」という
考え方について話し合ってみましょう。

・次の例を用いてもよいでしょう。

誰かに対して，この状況を幸せだと感じさせることはできます
か？

その「この状況」とは，テストで悪い点を取ってしまったり，
苦手な人と一緒にいたりするような場面です。こう尋ねると，
生徒はたいてい「いいえ」と答えます。

・「こんなふうに私があなたを幸せにできないなら，私はあなたを
怒らせることもできないし，あなたが感じたくない，または感

じたい気持ちを感じさせることもできません」と伝えてください。

私たちは選ぶことができます

1．図表 2.4 を使用しましょう

私たちは選ぶことができます。

自分の気持ちを受け止めましょう。

そして，賢い行動をしましょう。

2．話し合いましょう

・「自分がどう感じるかは自分で『選んでいる』」という考えに対する生徒の反応について話し合ってみましょう。

・自分の感情を自分で選ぶことで，私たちは力を得ることができるという考えを強調してください。感情を選択しなければ，糸で操られた人形のように反応することになり，自分の力を手放してしまうことになります。

注意：感情を選ぶことができるという議論について，エサのついた釣り針と魚に例えてもいいかもしれません。エサのついた釣り針は，対立や怒りの引き金となることが多い「誹謗中傷」や「気に障ることを言う」，「からかい」などを表わします。魚は，エサを取るか取らないかを選択する生徒を表わします。

　　このテーマに関する資料として，Karen Gedig Burnett 作，Laurie Barrows 絵の *Simon's Hook: A Story about Teases and Put-Downs* があります。この本は絵本ですが，生徒が「自分に言われている」と感じないように提示することができるので，効果的です。そのために，「この物語は，幼い子どもたちに，『選ぶことができる』という考えを教えるのに役に立つと思う？」と聞いてみるとよいでしょう。

怒りを感じるとき

1．図表 2.5 の説明を読んで話し合いましょう

私たちが怒りを感じるとき……。

私たちはダメな人間というわけではなく，ただ怒っているだけです。

その怒りをどうするかは，私たちが選択することです。

失敗しても，私たちはダメな人間ではありません。私たちは，ただ学んでいるのです。

2．生徒に伝えましょう

・私たちは，物事が思い通りにならないことがあると，つい被害的に考えてしまう傾向があります。思い通りにならないことがあったとき，「あの子のせいでこんなことになった」とか，「いつもこんなふうになる。私は全然ツイてない」と考えたりするのがその一例です。

・自分の行動や選択に責任を持てば，私たちはもはや被害者ではありません。そのとき，私たちは選択する力を得ているのです。

・自分に起こったことを自分で引き受け，それらを選択することで，自分自身やある程度の環境をコントロールすることができます。コントロールできないものを変えたり，解決したりすることはできません。でも，自分の行動をコントロールすることはできるのです。そしてそれは，被害者にならないための力となります。

レッスンの締めくくり：意識して選択することは，衝動的に振る舞うことよりも良いことだと心にとどめておきましょう。

　最近になって，脳科学者たちは，かなり速いスピードで脳の感情中枢へと至る脳内経路を発見しました[1]。この神経の裏道（感情的な緊急事態に備えて確保されているようです）は，大脳新皮質を完全に迂回して，視床からの情報を直接「扁桃体」に送ります。扁桃体は，「これは私を傷つけるものか？」のように，リスクのある情報を見つけ出す役割を担っています。

　脳科学者は，感情的な記憶の保存場所である扁桃体の情報に基づいて，多くの場合，私たちは瞬時に危険か否かの判断を下すと考えています。ストレスは扁桃体の機能を高め，過剰に働かせることで，強い恐怖を学習させているようです。危険だと判断されると，扁桃体は脳全体に危険信号を出し，心拍数の増加，血圧の上昇，筋緊張，「闘争・逃走」に関わっているアドレナリンとノルアドレナリンの分泌など，一連の生理的反応を引き起こします。

　ノルアドレナリンは，ノルエピネフリン（怒りホルモン）とも呼ばれ，副腎の髄質（内側の部分）と脳幹の青斑核から分泌され，（エピネフリンとともに）「闘争・逃走」反応（ストレス反応）として知られる身体の変化をもたらします。このホルモンが身体の各部位に及ぼす作用には，代謝の亢進，血圧の上昇，精神活動の

1　この段落と次の段落は，"The Emotional Imperative." by B. Atkinson, 1999, *Family Therapy Networker*, 23(4), 22-33. から許可を得て引用しています。

亢進，筋肉への血流の増加，心拍数の増加などがあります。これらの反応は，脅威やストレスに対処するために，争ったり逃げたりする能力を高めます。そのため，「闘争・逃走」反応と呼ぶのです。

アドレナリンは，エピネフリン（恐怖ホルモン）とも呼ばれ，感情やストレスが高まったときに副腎から分泌されます。

ドーパミンは，アドレナリンに似た神経伝達物質です。ドーパミンは，運動，情動反応，快感や痛みを感じる能力をコントロールする脳のプロセスに影響を与えます。

コルチゾールは，ストレスホルモンとも呼ばれ，身体的・心理的ストレスを受けると血中濃度が上昇します。コルチゾールの体内での働きには，血圧や心血管機能の調節，タンパク質，炭水化物，脂肪の体内利用の調節などがあります。コルチゾールは，体内の闘争・逃走反応の一部を担っています。ストレスの多い出来事や怪我のあと，副腎はコルチゾールの分泌を促します。コルチゾールは，血糖値を高めてエネルギーを補給し，身体の重要な機能を一時的に低下させ，心拍数を上昇させることで，脅威から身を守ったり，逃げ出したりすることを可能にします。

その他の重要な機能には，以下のようなものがあります。

ノルアドレナリン系（別名：青斑核）は，神経伝達物質の放出における特定の神経細胞繊維に関するプロセスに関わっています。青斑核は中枢神経系全体にノルアドレナリン／ノルエピネフリン

を供給します。これらの神経系は，闘争・逃走反応を引き起こすきっかけとなります。

扁桃体（1）アーモンド型の神経構造で，怒り，回避，防御，恐怖などの非言語的徴候の生成と反応に関与しています。（2）フリーズ反応，手のひらの汗，口元の緊張などの回避的な諸反応を促す小さな灰白質の塊です。（3）初期の魚類に由来する原始的な覚醒中枢であり，人間の負の感情表現の中心的役割を担います[2]。

扁桃体の働き：私たちが示す多くの身振りは，扁桃体の働きが反映されています。例えば，会議中に不安な気持ちになると，無意識のうちに腕を曲げたり，身体を傾けたり，気に障る人から離れたりすることがあります。扁桃体が，防御的な表情や姿勢をとるよう設計された脳幹の回路を活性化させるので，唇，首，肩の筋肉が緊張してこのような動作になるのです。また，扁桃体はアドレナリンなどのホルモンの分泌を促すため，逃避反応を活発化させ，理性的な思考を難しくします。

扁桃体に関する注釈：扁桃体は，視床下部を介して，興奮性ホルモンを血液中に放出します。扁桃体を切除すると，うなり声，悲鳴，怒鳴り声などの否定的なサインが意味をなさなくなり，危険を判断する手がかりとして理解できなくなることがあります。

---

2 41ページの扁桃体の定義，働き，注釈に関する記述は，The Nonverbal Dictionary: 1998-2005, by D. Givens, Center for Nonverbal Studies から許可を得て引用しています。http://citationmachine. net/index. php から2006年6月2日にアクセス。

$*$　　　　$*$　　　　$*$

　自分がいつ闘争・逃走反応に陥っているのかを見極めることは，怒りの感情に囚われる時間と強さを減らすための第一歩です。脳の研究によると，感情が高まっていることに気づいた瞬間，前頭葉が活性化し，ストレスホルモンが減少して，穏やかな状態に戻ることがわかっています。ですので，身体の変化に気づき，ストレスの原因となっている思考を見つけ，セルフトークをより建設的なものに変えていくことが大切なのです。

LESSON 3
怒りとその引き金を理解しよう

重要な考え
- 怒りの感情がわくと，生理的変化が起こります。
- 怒りの感情は生理的なものであり，正常なものです。
- 怒りの感情がわくと，闘争・逃走反応が起こります。
- 出来事は怒りの感情を引き起こすのではなく，怒りの引き金に
  なります。

資料
このレッスンでは，一番上に「何があなたを怒らせるのですか？」
と書かれた紙（128 ページ, 図表 3.2a）を準備します。レッスン
では，この紙を図表 3.2b のように変えていきます。
怒りの生理的定義（図表 3.1）と怒りの反応！（図表 3.3）を参照
してください。

手順
怒りの生理的定義
1．図表 3.1 を使用しましょう
　　怒りの生理的定義
　　ノルアドレナリンは，神経伝達物質として働く場合，心拍，呼
　　吸，体温を調節します。
　　アドレナリンは，闘争・逃走反応を引き起こす引き金になりま

す。

　怒りを感じたとき，あなたの身体はどのように反応しますか？

2．怒りの感情が起こるプロセスにおける各用語の役割について話
　し合いましょう

3．生徒に聞いてみましょう
　・怒ると身体はどんな感じがしますか？（話し合いを始めるため
　　に，生徒にはヒントが必要かもしれません）
　・あなたの身体では何が起こっていますか？
　・あなたのお腹のあたりはどんな感じですか？
　・あなたの手はどんな感じですか？
　・足の辺りに何か感じますか？　身体全体は？　首はどうでしょ
　　う？
　・頬のあたりに何か感じますか？

4．怒ったときの身体反応について話し合いましょう
　・怒りが身体に及ぼす影響について，先ほどの質問を参考にしな
　　がら，オリジナルの質問を生徒に投げかけて答えを引き出して
　　ください。例えば，回答には次のようなものがあります。呼吸
　　が速くなる。心拍が速くなる。血圧が上がる。手が汗でベトベ
　　トする。身体が硬くなる。足がソワソワする。お腹が苦しい。
　　顔が赤くなる。

5．闘争・逃走反応について説明しましょう
　・闘争・逃走反応とは，突然の予期せぬ脅威やストレスの原因に
　　直面したときに，身体に起こる反応です。闘争・逃走反応とい

う名前は，危険に直面したときに動物が瞬時に闘うか逃げるか
を決めることに由来しています。
・このとき，アドレナリンやノルアドレナリンというホルモンが
急激に分泌され，心拍数や呼吸数の増加，身体のいたるところ
の血管の収縮，筋肉の緊張などが起こります。筋肉，脳，肺，
心臓など，闘争・逃走に関わる器官への血液の供給が増加しま
す。
・これらの作用により，身体は衝突（闘争）や素早い逃避（逃走）
に備えるのです。

6．ストレスに対するこの反応は私たちにどのように関係している
のでしょうか？
・私たちの身体には，動物と同じように闘争・逃走に関する仕組
みが備わっています。脳が脅威を感知すると，自分を守るため
に反応し，闘うか逃げるかの準備を身体にさせるのです。
・脳の反応は，誹謗中傷のような言葉の脅威と虎が襲いかかって
くるような物理的な脅威を区別しません。どちらの状況でも，
同じように反応します。
・脅威や危険の原因が，物理的か言葉によるかは問題ではありま
せん。または，その脅威は嫌らしい目つきでジロジロ見られる
ような微妙なものかもしれません。

7．生徒に伝えましょう
・私たちの身体は怒りに対して反応します。
・怒りとは，身体的・心理的に同時に生じる反応の連鎖です。脅
威に対する反応は，瞬時に起こります。それは1秒もかかりま
せん。これは，生きるための自然な反応です。

- 私たちの多くは，闘争・逃走反応が始まるときに身体が出すサインにまったく気づいていません。サインを無視してしまうことが多いのです。
- 怒りをコントロールするには，大変な状態になる前に身体のサインに気づくことが大切です。
- 怒りの身体的なサインや行動的なサインを理解できるようになったら，次のステップは怒りの引き金に気づいて，怒りに対してどう向き合うかを決められるようになることです。怒りの引き金は，人によって異なります。

★試してみよう：身体の反応に気づいてみよう

学んだことを応用するように生徒を促しましょう。

- 今から次のミーティングまでの間に，身体を観察してみましょう。生活の中のさまざまなストレス，特に怒りに対して自分の身体がどのように反応するかを観察してみましょう。
- 自分の身体がある状況に対して反応し始めるタイミングに気づいてみましょう。立ち止まって感じてみましょう。その時々の状況に身体がどう反応するかに気づくのが上手くなればなるほど，怒りをコントロールしやすくなります。

あなたの怒りの引き金は何ですか？

1．用意した紙を生徒に提示しましょう（図表 3.2a 参照）
何があなたを怒らせるのですか？

2．生徒に聞いてみましょう

- もしあなたがここにいたくないのなら，ここにいることに幸せを感じられるようにすることができますか？（ほとんどの生徒は「いいえ」と答えるでしょう）
- そのようなとき，なぜ私はあなたを幸せにできないのでしょう？
- もし私があなたを怒らせたいなら，そうすることができますか？（ほとんどの生徒は「はい」と答えるでしょう）
- あなたを怒らせることはできても，幸せにすることができない理由は何ですか？
- あなたが何も感じたくないのに，私があなたに何かを感じさせることは可能ですか？

3．話し合いましょう
　誰かが自分を怒らせるのだとすると，どんな言葉を使ったときに，自分の力を相手に引き渡すことになるのでしょう？

　生徒に聞いてみましょう。
- 私が楽しく仕事をしているときに，あなたが通りかかって私を誹謗中傷したとします。もし私がとても怒ってあなたに怒鳴り始めたら，私の感情をコントロールする力を持っているのは誰ですか？
- もしあなたが私の後ろで話していて，それを聞いた私が落胆したり，動揺したりしたとしたら，そうした感情をもたらした力は誰が持っているのでしょう？
- この２つの状況では，誰かに動揺させられたり，誰かによって怒りがわいたりすると，自分の力を手放してしまうことになります。糸で操られた人形のように，相手の行動に反応してしま

うことで，相手に自分を支配されてしまうのです。

・ここで，釣りに例えてみましょう。相手の行動がエサだとします。もし私たちがエサに食いつくと，私たちは自分の力を手放してしまいます。そのとき私たちは，釣り糸に引っかかっているのです。エサに食いつかないことを選択すれば，自分の力を保つことができます。そのとき私たちは，釣り糸に引っかかっていません。

4．生徒に聞いてみましょう

・誰かが私を「怒らせている」場合，怒りをコントロールしているのは誰ですか？

・自分の中に怒りがわいたとき，誰が怒りをコントロールしているのでしょうか？

5．生徒に伝えましょう

・「彼が私を怒らせた」という表現から「それが私の怒りのボタンを押した」または「それが私の怒りの引き金になった」に言葉や考え方を変えてみましょう。そうすると，あなたは自分をコントロールしていることになるので，自分の力を保つことができます。

・「誰かが私を怒らせた」と言ったり考えたりするときは，糸でつながれた人形（または釣り針にかかった魚）のように，他人の行動に反応して，自分の力を手放してしまいます。「誰かが私を怒らせた」と考えた時点で，相手があなたをコントロールしていることになるのです。

・他人は自分の怒りの引き金になったにすぎないことを認めると，自分の行動を自分のものにし，それによって自分をコント

ロールできるようになります。

★試してみよう：あなたの怒りの引き金は何ですか？

図表 3.2a の「何があなたを怒らせるのですか？」という質問を参照してください。

・「あなたを怒らせる」を消して，その上に「あなたの怒りの引き金になる」と書き加えてください。

注意：このように図表 3.2a を図表 3.2b へ変えることで，言葉の変化が具体的になり，この 2 つの概念の違いを強調することができます。

生徒に聞いてみましょう。何があなたの怒りの引き金になりますか？

・生徒の回答をできる限り正確に紙に書き出しましょう。生徒の回答が漠然としていた場合，その意味することを生徒に聞き出して具体的にしてください。

・例えば，「バカな人たちが，私を怒らせた」という回答があったとします。生徒に，「バカな人」とは誰なのか，何をするとバカになるのかを明確にしてもらいます。生徒によって，しばしば回答が大きく異なります。

注意：このプロセスでは，自分の考えを押し付けないことがとても重要です。生徒の回答に対して，良い悪いと判断を下してはいけません。単に生徒が挙げた回答を書きとめ，必要に応じて説明を求めてください。

これは，私たちの捉え方がいかに異なるか，また見聞きしたことをどのように解釈するかによって，人の捉え方やそれへの反応が異なることを伝える絶好の機会にもなります。

図表 3.2b がいっぱいになるまで生徒からの回答を集め，生徒にこう伝えましょう。

・ これらの引き金は，私たちの身体にさまざまな反応を引き起こします。それを怒りの反応と呼びます。この反応は，一瞬のうちに起こります。

怒りの反応

１．図表 3.3 を使用しましょう

【怒りの反応！】【引き金となる出来事】【知覚された脅威】【身体反応】【ネガティブなセルフトーク】【一次感情】【怒りの反応】【振り返り】

２．怒りの引き金となる出来事を例示しましょう（または生徒から引き出してみましょう）

・ 誹謗中傷されたり，非難されたりすること
・ 準備ができていないのにいきなりテストを受けさせられること
・ 侮辱
・ ガールフレンドやボーイフレンドが他の人といちゃつく
・ 身体的な脅し
・ 自分についての悪い噂話

３．知覚された脅威について説明しましょう

・ 知覚された脅威とは，良くないことが自分に起ころうとしていると，身体的または感情的に脅威を感じたり，危険を感じたりすることです。
・ 脅威の捉え方は，人によって異なる場合があります。怒りの引

き金に直面して，私たちがそれにどのように対応するかを決めるときに，その捉え方の違いを知っていることは，どんな風に役立つでしょうか？

★試してみよう：ネガティブなセルフトークと ポジティブなセルフトーク

共同進行役と一緒に，2つのシナリオをもとにロールプレイをしましょう。

シナリオ1：ネガティブなセルフトーク

ある人（A）が別の人（B）をバカにする場面をロールプレイする。バカにされた後，Bさんは自分のネガティブなセルフトークを話します。例えば，「よくもそんなことをしたな！」，「あいつは自分を何様だと思っているんだ！」，「あいつに思い知らせてやる！」，「あとでとっちめてやる」などです。

怒りの反応に対するネガティブなセルフトークの効果について話し合いましょう。ネガティブなセルフトークは，怒りの反応をエスカレートさせたり，反対に徐々に緩和させたりするでしょうか？

シナリオ2：ポジティブなセルフトーク

ある人（A）が別の人（B）をバカにする場面をロールプレイをする。バカにされた後，Bさんは自分にポジティブなセルフトークをします。例えば，「あの人は嫌な一日を過ごしているに違いない」，「私はこれにうまく対処することができる」，「このことに気を取られる価値はない」などです。

注意：ポジティブなセルフトークを，プラス思考，幸せだと思い込もうとすること，自分をあざむくことと混同しないでください。論理的で正確なセルフトークを使うことは，自分の欠点を認識することにもつながります。そして，それらを踏まえたうえで，怒りに対処するための実行可能な行動を考えるのに役立ちます。ポジティブなセルフトーク（と笑顔）は，脳内のセロトニン，ノルアドレナリン，ドーパミンという3つの「幸せの伝達物質」を活性化します。ネガティブなセルフトークをすると，これらの脳内物質がうまく働いてくれません。

怒りの反応に対するポジティブなセルフトークの効果について話し合ってください。ポジティブなセルフトークは，怒りの反応をエスカレートさせたり，反対に徐々に緩和させたりするでしょうか？

4．必要に応じて，54ページから紹介する「セルフトークのロールプレイ」と「押す／押し返す vs 押す／身を任せる」のエクササイズを試してみましょう

5．話し合いましょう
・打ちのめされたときにわき起こる主な感情は何か（傷ついた，裏切られた，見下された，価値を下げられたと感じる，など）。
・その結果としての怒りの反応について。
　（心が）傷ついたこと，裏切られた気持ち，恐れなどを表現するよりも，怒りを「表出」する方が簡単です。
　私たちは怒りを「表出」する方法を知っていますし，男性にとっては怒りを表わす方が社会的に受け入れられやすい場合があります。例えば，「（心が）傷ついた」と言っても，「男らしくない」という理由で，社会的に受け入れられないことがありま

す。

- ・振り返り：過去を振り返ってみると，怒りに任せて行動したことで，かえって損をしてしまったことがよくわかります。

6．次の3つの重要性について話し合いましょう
- ・自分の怒りが高まっていることに気づき始める。
- ・怒りの反応のプロセスを理解する。
- ・自分の怒りが引き起こすネガティブな結果を想像し，自分の問題として捉える。

7．生徒に伝えましょう
- ・「あの人が私を怒らせた」と言うとき，私たちは自分の力を手放していることを忘れないでください。私たちは糸で操られた人形のようになり，他の人がその糸を引いているのです。誰も，誰かの操り人形になりたくないと思います。

★試してみよう：非難に対する反応のロールプレイ

　進行役または2人の生徒が，次に示す「非難」のシナリオをロールプレイしてみます。
- ・相手を指して，「あの人が○○（何か具体的な引き金を選ぶ）をしたから，あなたは怒っているんだ。あなたが怒っているのは，あの人のせいだ」とみんなに叫んでください。
　そして，生徒に「この場合，誰が怒りをコントロールする力を持っているか？」と聞いてみましょう。ほとんどの生徒は，相手が怒りをコントロールする力を持っていると答えるでしょう。

今度は，逆の状況でやってみましょう。

・あの人が〇〇（先ほどと同じ怒りの引き金）をしたときに，「〇〇があなたの怒りの引き金になった」と言ってください。そして，「この場合，誰が怒りをコントロールする力を持っているのか？」ともう一度聞いてみてください。ほとんどの生徒はその違いに気づき，あなたが怒りをコントロールする力を持っていると答えるでしょう。

要点や学んだことをまとめてください。必要に応じて話し合いましょう。

レッスンの締めくくり：怒りを感じるような出来事に出会っても，怒りは自分の中で起こっていることだと捉えることで，私たちは自分の力を保つことができます。

★試してみよう（オプション）：セルフトークのロールプレイ

セルフトークの内容によって一次感情は違ってくること，そしてその結果違った反応が生じることを理解してもらうために，さらにロールプレイや話し合いをしましょう。次のようなセルフトークをもたらす可能性のあるシナリオをロールプレイしてみましょう。

・他人に対して「すべき」発言（または「すべき思考」）をすること。このようなネガティブな考えは，不公平感につながります。例えば「あの人はあんなふうにすべきではない」など。

・復讐や仕返しを考えること。「あいつを殴り倒してやりたい」，「あんなやついなくなればいいのに」，「よくも俺にあんなことをしてくれたな」，「あいつを追い詰めてやる」，「恋人を取り返してやる」など。

- 相手がわざと自分を傷つけたと思い込むこと。これは,「あいつはわざとやったんだ」のように考えることにつながります。
- 物事を自分中心に捉えすぎること。「あの人は私のことを気にかけてくれない」など。
- 他の人が些細に思うようなことを大げさに考えること。
- 判断を下すこと。「弱い人間には一方的に教えてあげる必要がある」「あんな態度をとっていてはいけない」など。
- ネガティブなセルフトークをすること。「不公平だ」,「あの人は意地悪だ」など。

★試してみよう（オプション）:
押す / 押し返す vs 押す / 身を任せる

学生ボランティアにエクササイズの実演を手伝ってもらいます。
ステップ1：押す／押し返す
- 進行役と生徒は,腕を伸ばせば届く距離で向かい合い,どちらも同じ足（例えば,どちらも右足）を前に出します。
- 前方の手（前方に出している足と同じ側の手）を胸の高さくらいまで上げ,手のひらを相手に向け,お互いに手のひらを軽く

当てます。

・ 後方の手（後方の足と同じ側の手）を相手の肘に軽く当て，双方が同じスタート位置になるようにします（これは，生徒や進行役がバランスを崩さないように，安全性を確保するための措置でもあります）。

・ 足は，バランスがとれて安定感があり，ちょうどよいと思えるあたりに置きます。

・ 次に，進行役は，生徒が反応するまで手のひらで生徒の手のひらを押します。ほとんどの場合，生徒は無意識に押し返してきます。通常，一方が他方よりもはるかに強く押さない限り，動きが止まり膠着状態になります。数秒したら止めます。相手が倒れたり，バランスを崩して危険な状態になるまで押したりしないようにしてください。

・ 押すのに必要なエネルギー，どんなことを考えたか，どんな気持ちになったかなどを記録します。何が起こったのか，なぜそれが起こったのかを話し合います。

　生徒が押し返さない場合は，生徒に押し返すように指示して，エクササイズを試してみます。それから, ステップ 2 に進みましょう。

　ステップ 2 ：押す／身を任せる

・ 進行役と生徒は，腕を伸ばせば届く距離で向かい合い，どちらも同じ足（例えば，どちらも右足）を前に出します。

・ 前方の手（前方に出している足と同じ側の手）を胸の高さくらいまで上げ，手のひらを相手に向け，お互いに手のひらを軽く当てます。

・ 後方の手（後方の足と同じ側の手）を相手の肘に軽く当て，双方が同じスタート位置になるようにします（これは，生徒や進

　行役がバランスを崩さないように，安全性を確保するための措
　置でもあります）。
・ 足は，バランスがとれて安定感があり，ちょうどよいと思える
　あたりに置きます。
・ 次に，進行役は，生徒に自分の手のひらを進行役の手のひらに
　当てて，押すように指示します。進行役は，押し返すのではな
　く，押されたのに合わせて横に足を踏み出します（体が自然に
　動く側に踏み出します）。
・ もう１つの方法は，進行役が膝を少し曲げて，地面に足をつけ
　たまま，生徒が手を押してくることで，体が前のめりになるよ
　うにします。この動きにより，相手は前に傾きすぎてバランス
　を崩します。どちらの反応でも，進行役は，バランスを保ちな
　がら，力を維持します。
・ 何が起こったのか，なぜそれが起こったのかを話し合います。
　押すのに必要なエネルギー，どんなことを考えたか，どんな気
　持ちになったかなどを記録します。

LESSON 4
の背景

　私たちの身体は数十億の細胞から作られています。神経系の細胞は，ニューロンと呼ばれ，電気化学過程を経てメッセージを運んでいます[1]。人間の脳は約100億のニューロンがあります。

　ニューロン間の情報のやり取りは，化学物質がシナプス間隙と呼ばれる小さな隙間を移動することによって行われます。この化学物質は，神経伝達物質と呼ばれ，シナプス前終末と呼ばれる場所から放出されます。それから神経伝達物質はシナプス間隙を通り，受容体を通して次のニューロンに取り入れられます。神経伝達物質が次のニューロンに取り込まれると，異なった神経伝達物質が"進め"の信号を出して他の神経にメッセージが送られたり，または"ストップ"の信号を出したりして，メッセージが先の神経に伝わらないようにします。

　神経伝達物質にはさまざまな種類があり，それぞれの神経伝達物質の働きにより脳が正確に機能しています。一般的に，それぞれの神経伝達物質は，自らぴったり合った受容体だけに結合します。つまり，神経伝達物質が受容体に結合するのは，鍵穴に鍵を差し込むようなものとしてイメージできます。

　これらの脳の化学物質（神経伝達物質）によって，私たちは感情

　1　LESSON 4で述べられている情報は，p.61の参考文献をもとにしています。

（喜び，悲しみ，怒りなど）を表現することができるのです。これらにより，私たちは学習したり，身体を調整したり，情報を記憶したり，必要なときに情報を思い出したりすることができるのです。

　例えば，セロトニン，ドーパミン，アドレナリンやアセチルコリンなどの神経伝達物質は複雑な生化学的経路を経て作り出されます。

　神経伝達物質が不足したり，バランスが崩れたりすると，気分の落ち込みや不安，抑うつといった症状が現れます。脳内では，あるタイプの化学物質が多すぎたり，他の化学物質が不足していたりする場合があります。その結果，気分がかなり高揚したり，または気分が落ち込んだり，過度な眠気あるいは過覚醒が起きたりします。

　次の神経伝達物質の定義は，化学物質の乱用や感情に関連しており，LESSON 3 に示した定義と情報を補足しています。

　ドーパミンは，脳の主要な神経伝達物質です。精神的な過覚醒を引き起こします。ドーパミンは，気分，エネルギー，快楽をコントロールします。ドーパミンが分泌されなかったり，脳内にほとんどなかったりすると，抑うつ気分や不機嫌になります。
　セロトニンは，五感，睡眠，攻撃行動，摂食，空腹に関与する神経伝達物質です。セロトニンが分泌されると，穏やか，幸福，平和，そして満足感をもたらします。また，セロトニンが十分行きわたっていると満腹感を得られ，食欲も減ります。セロトニンの量が減少したり，脳細胞で放出が遮断されたりすると，攻撃性が増し暴力的な行動をすることがあります。セロトニンの量が少ないと，憂うつになったり食欲が増したりします。つまり，セロト

ニンは気分を高めたり，食欲を調整したりする神経伝達物質です。ノルアドレナリンは，ノルエピネフリンとしても知られ，脳を刺激する作用があります。ノルアドレナリンは，人を元気づけます。ノルアドレナリンは，心拍数，呼吸，体温や血圧の調整も担います。また，幻覚やうつ状態にも関与します。

アドレナリンもエピネフリンとして知られ，妄想症（パラノイア）や闘争・逃走反応をコントロールします。食欲やのどの渇きを感じるのも，アドレナリンの働きによるものです。

最も重要な3つの神経伝達物質（セロトニン，ノルアドレナリン，アセチルコリン）のうち，アセチルコリンは，私たちが強いストレスを受けているときに最も多く分泌される神経伝達物質です。また，筋肉の調整，神経細胞や記憶にも関与し，体内における神経の刺激の伝達にも関わっています。

エンドルフィンとエンケファリン：他の脳の化学物質で気分にかなり影響を与えるのはエンドルフィン（オピオイドペプチド）です。エンドルフィンは，多幸感を生み出したり，痛みも取り除いたりします。「ランナーズハイ」という言葉を聞いたことがあると思いますが，これは長距離を走ったり，練習メニューをこなしたりした後に「気分を良くする」脳内物質であるエンドルフィンが放出されたことと関係しています。また，エンドルフィンはストレス対処にも役立ちます。エンケファリンは，エンドルフィンと同様に脳内物質の1つであり，身体が痛みと闘う手助けをしてくれる脳内物質です。

＊　　　　　　＊　　　　　　＊

他の脳内化学物質は，成長，アレルギーや免疫系の機能をコントロールします。健康な脳には，すべての神経伝達物質（脳内化学物

質）がきめ細かく調整されています。

　依存性のある薬物（常習性薬物）は，脳の快楽回路を活性化します。薬物依存症は，生物学的，病的過程であり，快楽中枢をはじめとする脳のさまざまな機能を変えてしまいます。この過程を理解するために，神経伝達に与える薬物の影響を詳細に調べる必要があります。ほとんどの薬物は神経伝達に影響を与えることで，さらに脳の働きを変えてしまいます。ヘロインや LSD などの薬物のように，神経伝達物質の作用を模倣するものもあります。PCP のように，受容体を遮断し，ニューロンのメッセージが伝わらないようにする薬物もあります。また，コカインのような薬物は，神経伝達物質を分泌したニューロンに，神経伝達物質を戻す作用をする分子の働きを妨げます。さらに，覚せい剤のように，神経伝達物質が通常よりもたくさん分泌するように促す薬物もあります。

　次の表は，進行役がこのレッスンの情報源として使います。生徒には提示しません。このレベルの詳細な情報は，このレッスンの目的には必要なく，生徒が情報に圧倒される可能性があります。

参考文献

Hanna, N. (1990). Drugs: The altered brain. Center City: MN: Hazelden.
National Institute on Drug Abuse. (2005, November 25). Mind over
　　matter: Teaching guide (NIDA for Teen). Retrieved June 2, 2006,
　　from http://teens. drugabuse. gov/mom/tg_effects. asp

表　薬物とその影響

薬物	化学物質の影響	薬物使用中の作用（影響）	薬物が切れたときの作用
アルコール	アルコールは, セロトニンの脳内濃度を低下させ, エンドルフィンの代用となる。飲酒が頻繁になる前に脳はエンドルフィンをつくっていたが, 飲酒後の脳は, エンドルフィンを以前のようにつくる必要がないと認識する。そのため, 脳はエンドルフィンをつくらなくなる。	眠気, 暴力, 攻撃行動をもたらす。うつ病が合併することもある。痛みを和らげる。	睡眠障害。うつ。日常的な痛みを緩和するエンドルフィンが出現しない。自分の脳でエンドルフィンを生成できないため, その代用となる化学物質を生成するために, より多くのアルコールを欲するようになる。
抗不安薬 例）バリウム（精神安定剤）, ザナックス（向精神薬）, アトリバン, セントラックス, セラックス, リブリウム, イクワニル, リブラックス, パキシマム	不安受容体の部位でエンドルフィンとエンケファリンの代用となる。 5週間で脳内に蓄積された神経伝達物質を消耗させることができる。 バランスを回復するには長い時間がかかる。	穏やかで心地よい気分になる。	薬を渇望し, 再び不安が起きる。 使用を中断すると発作や抑うつ症状が出る。
覚せい剤 <u>アンフェタミン</u> スピード, クランク, クリスタル, ブラックビューティズ, ホワイトクロス, アッパー, デキシー, ベニーズ, メス（塩酸メタンフェタミン）, アイス 多く処方されるアンフェタミン	ドーパミン, ノルエピネフリン, エピネフリン, セロトニン, エンケファリンやグルタミン酸塩を過剰に放出する原因となる。一旦, これらの化学物質が放出されると, その化学物質は脳で消耗され, 脳細胞には再び生成されなくなる。脳は, 消耗された化学物質の代わりとなる神経伝達物質を十分につくることができなくなる。そのため, 神経伝達物質のレベルが低下する。	気分は高揚し, 興奮状態, 多弁, そして自信に満ちあふれてくる。	口渇, 発汗, 頭痛, かすみ目, めまい, 不安が起きる。長期にわたり使用すると, 奇妙な行動や恐ろしい行動をすることがある。常用する人は, 薬物が切れると, 重度の抑うつのような不快感を経験することがある。

表　薬物とその影響（続き）

薬物	化学物質の影響	薬物使用中の作用（影響）	薬物が切れたときの作用
覚せい剤（続き） コカイン・クラック	少なくとも 10 種類の神経伝達物質が変化する。その影響は，長期間続く可能性がある。 過剰にドーパミンが放出され，脳ではドーパミンは再び生成されない。コカインの分子が，ドーパミンが細胞の中に入ることを最長 72 時間妨げる。コカインを使用するたびに，脳内のドーパミンが少なくなるために，しだいにドーパミンは放出しなくなる。コカインによって引き起こされた脳内の化学的な変化は，コカインを止めても元通りになるまで 1 年はかかる。	考えられない程，気分はハイになり，自分は超人的な人間だと感じ，退屈から解放される。 妄想，活動亢進，吃音も起きる。	重篤なうつ病となり，不快感を経験する。突然の人格変化。性ホルモンの変化。使用者の中には，性欲や性能力が低下する。コカインを止めても通常の性欲や性能力の回復は数週間かかる。 コカインの使用により喜びを感じることも難しくなる。研究によれば，長期間コカインを使用すると，脳内のドーパミンの量やドーパミン受容体の数も減少する。
混合作用薬物 鎮痛剤 例）モルヒネ，コデイン，ヘロイン 処方薬 例）デメロール，ディラウディッド，タルウィン（麻薬拮抗性鎮痛薬），メサドン（ヘロインなどの依存症の治療薬），ダルボン（麻酔性の鎮静剤）	3 つの痛覚受容体でエンドルフィンとエンケファリンの代わりになる。 脳の痛覚受容体でエンドルフィンとエンケファリンの代用となる。脳内のエンドルフィンとエンケファリンの生成が遅くなる。さらに，ドーパミン，セロトニン，ノルエピネフリンにも影響を与える。	気分を変え，痛みが緩和される。	自然に痛みを和らげる物質の生成が減り，代わりにもっと鎮痛剤を求めるようになる。 エンドルフィンやエンケファリンが十分ではないため，通常の，あるいはよくある日常の痛みを軽減できない。

出　典：National Institute on Drug Abuse, *Mind over Matter: Teaching Guide* （NIDA for teens）, November 29 , 2005. Retrieved June 2, 2006, from http://teens.drugabuse. gov/mom/tg_effects.asp

表　薬物とその影響（続き）

薬物	化学物質の影響	薬物使用中の作用（影響）	薬物が切れたときの作用
混合作用薬物（続き） **大麻**	脳や生殖器官に影響を与える。 9つの神経伝達物質に影響を与える。セロトニンの作用をほぼ倍増させる。 5年間にわたり1日5本から8本のマリファナたばこを吸う常習者は、使用を止めても1年間は記憶力が低下する可能性があるだろう。すべての大麻使用者は、記憶や集中力がなくなる。	知覚を変え、リラックスした幸福感を引き起こす。 記憶の低下や集中力困難、食欲増大、口渇、脈拍数の上昇、妄想や幻覚を引き起こす。	脳内化学物質のバランスを崩し、離脱症状を引き起こす。 食欲減退、不眠症、倦怠感、興奮、感情の起伏、抑うつを引き起こす。
<u>吸入薬</u> <u>吸入によって取り入れる薬物</u>	揮発性炭化水素化合物を吸入すると脳細胞に刺激を与え、脳細胞が神経伝達物質のレベル（量）を増やす。神経伝達物質が脳内に一旦放出されると、使い果たされる。そうすると、脳細胞には再び生成されない、脳はなくなったものを補うことができない。これにより、脳細胞の神経伝達物質のレベルは低下する。	大きな快感を得られる。	意識を失うか、重いうつ状態になる。 脳や身体に永続的で重いダメージを与える。
エクスタシー（MDMA） 覚せい剤（アンフェタミンのような）と幻覚誘発剤（LSDのような）の特性がある。	セロトニンを放出する神経（セロトニン神経）にダメージを与える。 化学物質の構成が変化し、それにより毎回何が影響しているのかを特定できなくなる。	使用者は、混乱したり、不安になったり、音の感覚や視覚が歪むことがある。 気分が高揚し、活力がわくことがある。	脳障害や記憶障害を引き起こす。不眠症、不安、苛立ち、妄想症を引き起こす可能性もある。気分、衝動のコントロール、睡眠周期にも影響を与える。パーキンソン病の要因になる場合もある。

LESSON 4
化学物質の乱用と感情

重要な考え
・薬物は感情や怒りに上手く対処する能力に影響を与えます。
・健全な選択ができるようになるためには，生徒が薬物は怒りの
　対処能力に影響を与えるということに気づくことが重要です。

資料
化学物質の乱用と感情（図表4.1）
ニューロン・シナプス・受容体（図表4.2）
空白の用紙（さまざまな受容器官にある脳内化学物質の代わりの
働きをするさまざまな薬物を図で説明する必要がある場合に使用
する）

手順
1．化学物質の乱用や感情への影響について双方向で話し合いを始
　めましょう

　注意:中学生の場合は，大麻やアルコールの影響に関する薬物の話し合
　　いは，最小限で十分です。

2．生徒に聞いてみましょう
　・病気のときや疲れているとき，あるいは調子が良くないとき，
　　カッとなって怒ったことはありますか？

・気分が良くないとき，怒りを和らげるのはとても難しかったですか？

・気分が良いとき，体調が良いとき，また満足しているときは，怒りをコントロールしやすいですか？

・怒りの引き金となる出来事が起きる前に感じていた気持ちは，その出来事への対処方法にどのように影響しますか？

・気分が落ち込んだり，緊張していたり，あるいは痛みがあるような状況で，怒りを上手くコントロールするのに必要な強さや心の余裕を持つことができますか？

化学物質の乱用と感情

1．図表 4.1 を提示しましょう

　薬物がいかに脳に影響を与え,その結果として人間の感情,気分や怒りをコントロールする能力に影響を与えるかを説明しましょう。

化学物質の乱用と感情

　　気分を変える薬物は，脳内の化学物質のバランスを乱します。

　　脳は天然の化学物質を減らすことで調整します。

　　脳はバランスを保つために薬物を必要とします。

2．生徒に聞いてみましょう

・あなたが知っている一般的な薬物で，若い人たち，あるいは大人や知り合いの友だちの中で使われている薬物を 1 つ挙げてください。人の名前は出さないでください。ここでの目標は，もし使われることがあれば，人生や人間関係に影響を与えるかもしれない薬物を挙げることです。

ニューロン・シナプス・受容体

1．図表 4.2 を使用しましょう

図表 4.2 は，下の図表から薬物／化学物質の代替物や遮断された受容体を示している図形を取り除いたバージョンです。

2．薬物の影響を図に表しましょう

生徒が名前を挙げた薬物が，薬物を使っている最中や使った後ではどのように満足感に影響するかを図にしてください。例えば，3つの薬物——大麻，アルコール，コカインがこのレッスンの終わりに記載されています。

レッスンの締めくくり：怒りやその他の感情をコントロールするには，冷静で落ち着いていることが必要ですが，薬物はそれを妨げてしまいます。

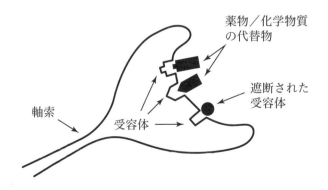

例：大麻

薬物使用によって置き換えられたさまざまな化学物質を示すために異なった図を使います。62-64 ページの化学物質とその影響の説明の表を参照してください。

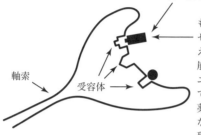

軸索

受容体 →

もし生徒が大麻を挙げたら，大麻はセロトニンの天然の受容体と置き換えられるので，脳機能のバランスを崩すことを伝えます。脳内はセロトニンが多すぎるという信号を出すので，セロトニンの生成が止まります。薬物の効果が切れると，脳には十分なセロトニンがないので離脱症状が現れてきます。

セロトニンは睡眠，気分や記憶に影響を与えますが，大麻を使うことで脳内のセロトニンのバランスが崩れると，食欲減退，不眠，倦怠感，イライラ，気分の落ち込み，抑うつを引き起こします。

アンガーマネジメントへの影響を話し合い，生徒に聞いてみましょう。

・大麻のような薬物の影響を受けていると思ったら，自分の怒りを上手くコントロールできると思いますか？

・あなたが関わっている人たちが薬物の影響を受けているとしたら，彼らはどのように怒りをコントロールするでしょうか？

例：アルコール

薬物使用によって置き換えられたさまざまな化学物質を示すために異なった図を使います。62-64 ページの化学物質とその影響の説明の表を参照してください。

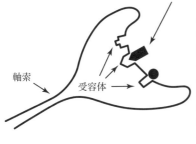

軸索

受容体 →

もし生徒がアルコールを挙げたら，アルコールはセロトニンのレベルを変え，エンドルフィンの代わりとなるので，脳機能のバランスを崩すことを伝えます。脳はエンドルフィンが過剰になったという信号が送られ，エンドルフィンが自然に生成されるスピードが落ちていきます。アルコールが切れると，脳にはエンドルフィンがなくなります。

飲酒後，セロトニンのレベルは低くなり，睡眠に影響を与えます。また，通常の日常的な痛みをやわらげるのに十分なエンドルフィンが体内に不足します（その後，二日酔いになります。二日酔いで痛みを伴うのはそのためです）。

アンガーマネジメントへの影響を話し合い，生徒に聞いてみましょう。

・アルコールの影響を受けていると思ったら，自分の怒りを上手くコントロールできると思いますか？

・あなたが関わっている人たちがアルコールの影響を受けているとしたら，彼らはどのように怒りをコントロールするでしょうか？

・身体に痛みがあるときに，あなたは怒りをコントロールできますか？

例：コカイン

薬物使用によって置き換えられたさまざまな化学物質を示すために異なった図を使います。62-64 ページの化学物質とその影響の説明の表を参照してください。

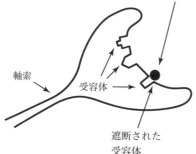

軸索

受容体 →

遮断された受容体

生徒がコカインを挙げたら，コカインは過剰なドーパミンを放出すると伝えてください。コカインを使用することで，脳内でドーパミンが再生されにくくなります。なぜなら，コカインはドーパミンが細胞内に再度入る入り口を 72 時間遮断するからです。それにより，脳内に本来あるはずのドーパミンの一部が失われます。

コカインは，人間が喜びを感じる能力にダメージを与えます。コカインが切れると，喜びや幸福，あるいは他の感情も感じることができなくなります。コカインを使用する人は，重度のうつ状態に陥ることがよくあります。

アンガーマネジメントへの影響を話し合い，生徒に聞いてみましょう。

・ コカインのような薬物の影響を受けていると思ったら，自分の怒りを上手くコントロールできると思いますか？

・ あなたが関わっている人たちがコカインのような薬物の影響を受けていたら，彼らはどのように怒りをコントロールするでしょうか？

LESSON 5
私たちが演じている役割

重要な考え

・ 私たちは，世の中は"こうあるべき"という心の中にある見方やルールによって，出来事に対して無意識に反応しています。

・ 私たちは，意識的に行動を選んでいるわけではなく，自分の世界観に従って，生き延びるために必要な役割を演じることを無意識に選んでいるのです。

・ 無意識にとっている役割や心の中にあるルールに気づくことは，自分の行動をコントロールしたり，怒りのコントロールの仕方を意識的に選んだりする際に非常に重要です。

・ 私たちが演じている役割が，長期的に見て，私たちのニーズにぴったり合った選択を妨げることがあるかもしれません。

資料

私たちが演じている役割（図表 5.1）

グループに適したロールプレイの場面をコピーする（p.78-80）

---

* LESSON 5 は, Terrence Webster-Doyle, *Why Is Everybody Always Picking on Me? A Special Curriculum for Young People to Help Them Cope with Bullying*, 1994, Middlebury, VT: Atrium Society Publications. の許可を得て掲載しています。

手順

意識している役割

1．図表 5.1 を使用しましょう

   私たちが演じている役割
   意識している役割
   無意識の役割
   理由は？
   結果と影響

2．生徒に聞いてみましょう

・日常生活の中で，あなたが意識している役割は何ですか？
　例）今日，私がここにいるのは皆さんに教えるためです。つまり，私の意識している役割というのは（先生，カウンセラー）です。私が（母，父，姉妹，兄弟）と一緒に外出しているとき，私の意識している役割は（娘，息子，姉妹，兄弟）です。

・今日，みなさんはどのような役割を意識してここにいますか？

・皆さんの中に，家や地域で仕事（役割）を持っている人はいますか？

・ボランティアをしている人はいますか？

・どのような種類の仕事をしていますか？

・その仕事ではどのような役割をしていますか？

・友だちと一緒にいるとき，あなたが意識している役割は何ですか？

・仕事や家族と一緒に公的な集まりの場所にいるときと，友だちと一緒のときでは，全然違った態度で振る舞いますか？　その理由は？

・いつもと違った場所や状況のときは意識的に違う振る舞いをし

たり，違う役割を演じたりしますか？
・これらの役割は行動から学んだルールですか？
・学校でのあなたの役割は何ですか？

注意:予想していた考えを生徒が言ってきたら，自由に例を挙げてもら
います。

3．生徒に聞いてみましょう
・私たちが意識している役割は，私たちが行動の仕方を選んで決
めるときに，どのように影響しますか？

無意識の役割

1．生徒に伝えましょう
・私たちは，さまざまな状況下で無意識に役割を引き受けること
があります。私たちは，その役割を"演じている"ことを意識
していないため，それは無意識な役割なのです。
・私たちは，このような無意識の役割を演じていることにあまり
気づかないのです。つまり，無意識の役割をしていることが自
分の決断や行動にどのような影響を与えているか理解していな
いし，このような役割をすることによって起こる結果もわから
ないのです。

2．次の質問をして，生徒の反応について話し合ってみましょう
・もし，授業中にテストをすることになり，生徒はテストの準備
ができておらず，良い点が取れるか自信がない場合，生徒はど
のような行動をするでしょうか？
・人は，無意識にどんな役割をするでしょうか？

注意:ここでは批判しないことが重要で，次の3点を生徒に理解させることを目標とします。1）日常のルールの中で自分がどのように無意識の役割を演じているのか，2）物事の本来あるべき姿について，どう認識しているか，3）脅威に対して自分を守る必要があるということ。無意識の役割のやっかいな点は，意識的にその役割を演じるのではなく，即座にそのように反応してしまうというところにあります。このように，即座に無意識に反応し続けていると，自分が本当に何を望んでいるのかが，長期的にわからなくなってしまうのです。

3．生徒に以下の状況のとき，どのような無意識の役割をしているか聞いてみましょう（生徒の発達段階，事情，環境などに合わせて選びます）

・先生がみんなの前であなたを叱る。

・あなたが〜のとき，先生や大人があなたの周りをウロウロしている。

・友だちと外出したとき，あなたは〜するのに十分なお金を持っていない。

・あなたが彼氏や彼女と一緒にいるとき，見知らぬ人があなたの相手を見下す。

・あなたが彼氏や彼女と一緒にいるとき，あなたの仲間があなたの相手を見下す。

・誰かがあなたの家族の誰かを馬鹿にする。

・もしあなたが【けんかしないのなら／成績が良くないのなら／学校で上手くやっているのなら】友だちは自分をどう思うか気になる。（【　】内は年齢に応じて選びましょう）

・あなたは，どんなふうに行動するでしょうか？　あなたがとった役割は何ですか？

・あなたは，もし付き合っている相手が自分に興味がないのでは

と心配になったら，どんなふうに行動をするでしょうか？（この質問は，10代後半の若者向けです。というのは，性別による"価値観"から生じる怒りの感情が非常に現実的に起こるからです。）

4．話し合いましょう
・なぜ，人は"強くて男っぽい人"，"被害者"，"いじめっこ"という役割を演じているのでしょうか？

なぜ私たちは自分が演じている役割について理解する必要があるのでしょうか？
生徒に伝えましょう。
・自分が演じている役割を意識して，なぜその役割を演じているのかを理解すると，どのように生きたいかを意識的に選択できるようになります。
・やみくもに反応しているかぎり，その瞬間は「正しい」と思える選択も，長期的な視点に立つと良い選択ではないかもしれません。

結果と影響
生徒に伝えましょう。
・不適切な選択をすると他者を傷つけたり，自分にメリットをもたらさなかったりします。

注意：生徒は，自分たちを傷つけるような人間は「やっつける」ことが，正しい，良い，または気分の良いやり方だから，自分たちにとってはベストな選択だと言うかもしれません。自分たちの行動がどういう結果を生むのかについて，生徒が長期的な視点で考えることができ

るように支援してください。その結果として，もし自分が不適切な選択をすれば，自分で設定した目標を達成することができなくなるかもしれない，ということがわかるでしょう。さらに，不適切な選択が必ずしも将来，被害者にならない，悪口を言われない，または不当に取り扱われない，ということを保証するわけではないことも伝えます。

★試してみよう：どんなふうに行動したらいい？　ロールプレイ

このレッスンの最後（78-80 ページ）にあるロールプレイの場面をコピーします。そして，グループにあった場面を選びます。ロールプレイをする際は，できれば椅子かフロアに丸くなって座ります。

・ ロールプレイの場面のコピーをテーブルかフロアの真ん中に重ねて置いておきます。
・ 順番に役割を選んで，それについて演じるよう促します。
　 役を自分だけで選んでおいて，他の生徒にその役を推測させるようにしてもいいです。

ロールプレイが終わったら，次の質問について話し合ってみましょう。

どんなことに気づきましたか？

・ 誰かが同じような振る舞いをしているのを教室で，校庭で，家でまた他の場所で見たことがありますか？
・ そのような振る舞いはどのように役に立っているでしょうか？
・ そのような振る舞いで傷つくことはないですか？
・ そのような振る舞いは短期的な目標達成につながりますか？
・ そのような振る舞いは長期的な目標達成につながりますか？
・ そのような振る舞いは問題を引き起こしますか？

- そのような振る舞い以外に他の振る舞いはとれないですか？
- そのような振る舞いは怒りの原因となりますか？
- そのような振る舞いは怒りを回避できますか，それとも怒りを減らすことができますか？

レッスンの締めくくり：「頭の中のルール」と自分がとっている役割を意識してください。その場で瞬間的に反応する代わりに，長期的な視点であなたが望んでいることを得るための選択をしてください。

先生がテスト用紙を配った，でも良い結果を出せないのではないかと心配。どんなふうに行動したらいいのだろう？

発表しなくてはならないけれど，大勢の前で話すのは怖い。どんなふうに行動したらいいのだろう？

体育の先生がバスケットボールをするようにと言うけれど，私はスポーツが苦手。どんなふうに行動したらいいのだろう？

体育の授業でロープを使ったアクティビティをやっているけれど，落ちるんじゃないかと怖い。どんなふうに行動したらいいのだろう？

手伝ってほしいと言われたけれど，ミスをしないかと心配。どんなふうに行動したらいいのだろう？

友だちが私の成績について聞いてきたけれど，成績について馬鹿にするのではないかと不安。どんなふうに行動したらいいのだろう？

新しいグループにいるけれど，みんなに嫌われるんじゃないかと心配。どんなふうに行動したらいいのだろう？

優しく振る舞ったら，子どもたちに弱虫だと思われないかと心配。どんなふうに行動したらいいのだろう？

中学生・高校生用のロールプレイ場面（2/2 頁）

友だちに「他校の生徒がいる集まりに一緒に行こう」と誘われたけれど，初対面の人と一緒にいるのは恥ずかしい。どんなふうに行動したらいいのだろう？　何て言ったらいいのだろう？

グループの中にいても，何も言えないのではないかと心配。どんなふうに行動したらいいのだろう？

友だちといると，私はしゃべり過ぎだと思う。どんなふうに行動したらいいのだろう？

上手くやりたいけれど，得意なものが何もないので怖い。どんなふうに行動したらいいのだろう？

両親はすごいスポーツファンなので，自分が出る試合で負けることが怖い。どんなふうに行動したらいいのだろう？

周りの子が「負け組」と思っている人と友だちになったら，自分も負け組と思われるのではないかと心配。どんなふうに行動したらいいのだろう？

もし私が新しい服を着たら，バカみたいに見えるかなって心配。どんなふうに行動したらいいのだろう？

両親は，授業についていけなかったら，もう愛してくれないと思う。どんなふうに行動したらいいのだろう？

© 『中学生・高校生向けアンガーマネジメント・レッスン』2023 Susan Gingras Fitzell, 佐藤・竹田・古村訳，遠見書房

高校生限定のロールプレイ場面

もし私が成功しなかったら，友だちは私のことを何て思うだろうかと心配。どんなふうに行動したらいいのだろう？

もし私が逃げ腰になったら，友だちは私のことを何て思うだろうかと心配。どんなふうに行動したらいいのだろう？

もし私が良い成績を取らなかったら，友だちは私のことを何て思うだろうかと心配。どんなふうに行動したらいいのだろう？

付き合っている相手が自分に興味がないのではと心配。どんなふうに行動したらいいのだろう？

付き合っている相手が，私を思い通りにしようとするのではと心配。どんなふうに行動したらいいのだろう？

LESSON 6
感情とセルフトークを理解する

重要な考え

このレッスンでは，今まで学んできたことを次のようにまとめます。

- 人はそれぞれ，同じ状況でも違うふうに感じたり，解釈したりします。そして，異なったセルフトークを持っています。ゆえに，人それぞれ違った感情を示すのです。
- セルフトークは，私たちの感情に直接影響します。

資料

ここでのアクティビティでは，「気分」（図表 6.1）にある「怒り」や「いらいら」などの言葉やそれらの言葉に関連する表情を取り上げます。

「気分」（図表 6.1）のコピーを資料として生徒に配布します。

感情・セルフトーク（考え）の回答用紙のコピーを配布します（p.88-89 にある中学生用，高校生用の用紙）。

手順

1．図表 6.1 のコピーを各生徒に配布します。生徒にレッスンでこの図表を使うことを説明しましょう

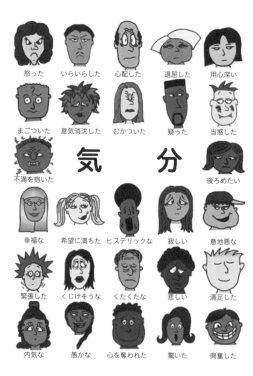

怒った　　いらいらした　　心配した　　退屈した　　用心深い

まごついた　　意気消沈した　　むかついた　　疑った　　当惑した

不満を抱いた　　　　気　　　分　　　　　　後ろめたい

幸福な　　希望に満ちた　ヒステリックな　寂しい　意地悪な

緊張した　くじけそうな　くたくたな　悲しい　満足した

内気な　　愚かな　　心を奪われた　　驚いた　　興奮した

図表 6.1　　気分

感情とセルフトーク

2．生徒に伝えましょう

・ここで行うレッスンは，今まで学んできたことをまとめるのに
　役に立ちます。そのために，まず基本的なルールを決めておく
　ことがとても重要です。

- これから，ある状況に対してどのように反応するかについて質問をします。答えを紙に書いているときに，声に出してそれを言わないでください。ある状況への自分の反応が，お互いに影響しないようにすることが重要です。今日のレッスンのプロセスを大事にしてください。そうすることで，誰もが，今日のレッスンで必要なことを理解できます。
- このレッスンではあまり書くことはありませんが，ここではあなたに答えを書いてもらいます。自分の反応について話し合うときに，それを思い出せるように紙に書いておいてください。答えを書くもう1つの理由は，あなたの反応を（みんなには伝えず）自分だけの秘密にしておくためです。
- 私がすべての場面を読んだ後，皆さんの答えを共有するように言います。もし，自分の書いたものを話したくないのなら，パスする権利があります。そのときは，「私はパスします」と言ってください。
- 人がどんなふうに感じるかを決める際に，気分のポスター（図表6.1）を使ってください。怒りという言葉や怒りを表す言葉を使ってはいけません。一次感情の言葉だけを使うようにしてください。

★試してみよう：場面をじっくり考える

- p.86から始まる感情，セルフトーク（考え）のシナリオリストの各状況に対応した回答用紙（p.89-90; 中学生か高校生の区別あり）を配布してください。それからシナリオリストの各状況を読んでください。
- 十分な時間をとって，回答用紙に記入してもらいます。たいて

い，グループに一人くらいは用紙に記入しない生徒がいます。答えを書かない生徒でも後の話し合いには参加することもよくあります。

・ 生徒に回答を書くように促しますが，強制して回答させてはいけません。ただ単に書けない生徒もいます。書くことを拒否しても問題にしないようにしてください（書かないからと言って大騒ぎしない）。

・ 生徒からさまざまな反応を聞くためにそれぞれの場面を順番にやってみてください。

・ それぞれの生徒がどんなふうに違った反応をするか注目してください。

・ それぞれの生徒がそれぞれ違った感情の言葉を使います。

・ セルフトークは人それぞれ違います。

・ ポジティブセルフトークは，前向きあるいは，中立な行動を増やします。

・ グループから結論を引き出してください。この練習から何を学びましたか？

レッスンの締めくくり：私たちのセルフトーク（考え）は感情を生み，反応（行動）を引き起こします。あなたが考え，あなたが感じ，あなたが行動するのです！　あなたにとって最善で長期的な利益となる選択ができるように，考え方を少し変えてみましょう。

感情・セルフトーク（考え）：中学生用シナリオ

1. マイクが映画館に入ると，学校で知り合いの 10 代の仲間に会いました。仲間に入ろうと彼らの方へ歩いていくと，その中の一人が耳打ちをします。それもマイクに聞こえるくらい十分大きな声で，「いや〜，参ったなぁ，こんなところに変態のマイクがいるよ」。

    a. もしあなたがマイクだったらどんな気持ちになるでしょうか？

    b. どんなセルフトークが頭に浮かびますか？

2. マリアとカルロスは，付き合って 2 か月です。カルロスはマリアの前の彼氏のリックについて知っています。ある日，マリアとカルロスは一緒にランチを食べていると，そこへリックがやってきて，一緒に座ってもよいかと尋ねてきました。

    a. もしあなたがカルロスだったらどんな気持ちになるでしょうか？

    b. どんなセルフトークが頭に浮かびますか？

3. ジムと弟のギルはゲームをやっています。父親がやってきて，ジムがへまをしているのを見つけます。父親はうんざりした様子でジムを見て，「下手な手を打つ前によく考えろ！」と言いました。

    a. もしあなたがジムだったらどんな気持ちになるでしょうか？

    b. どんなセルフトークが頭に浮かびますか？

4．見たこともない10代の男の子たちが街角でうろうろしています。エラニアがそばを通ったとき，その中の一人が口笛を吹いて彼女を呼び寄せ，それから他の男の子たちもニヤニヤしながら彼女に近づいてきました。

　　a. エラニアはどんな気持ちになるでしょうか？
　　b. どんなセルフトークが頭に浮かびますか？

5．フレッドの姉，ルーシーは家でも学校でも常にフレッドをからかっています。彼が学校帰りにルーシーとルーシーの友だちのそばを通ったとき，ルーシーはからかいながらこう声を掛けました。「ちょっと，負け犬君！　ここからでも臭うわよ！」

　　a. フレッドはどんな気持ちになるでしょうか？
　　b. どんなセルフトークが頭に浮かびますか？

6．レイチェルがカフェテリアにいるシボーンに近づいて，こう言いました。「メリンダが言っていたわ。あなた，ジョーと一緒にメリンダの悪口を言っていたんですって。彼女はあなたにすごく腹を立てているわよ」。シボーンは，自分がメリンダについて何も話していなかった（悪口も言っていない）ことをわかっていました。

　　a. シボーンはどんな気持ちになるでしょうか？
　　b. どんなセルフトークが頭に浮かびますか？

感情・セルフトーク（考え）：高校生用シナリオ

1. マイクが映画館に入ると，学校で知り合いの 10 代の仲間に会いました。仲間に入ろうと彼らの方へ歩いていくと，その中の一人が耳打ちをします。それもマイクに聞こえるくらい十分大きな声で，「いや～，参ったなぁ，こんなところに変態のマイクがいるよ」。
   a. もしあなたがマイクだったらどんな気持ちになるでしょうか？
   b. どんなセルフトークが頭に浮かびますか？

2. マリアとカルロスは 2 か月前から付き合っていました。カルロスはマリアの前の彼氏のリックについて知っています。ある日，マリアとカルロスがみんなのたまり場でコーヒーとドーナッツを食べていると，そこへリックがやってきて，自分も二人に加わってもよいかと言ってきました。
   a. もしあなたがカルロスだったらどんな気持ちになるでしょうか？
   b. どんなセルフトークが頭に浮かびますか？

3. ジムと弟のギルはゲームをやっています。父親がやってきて，ジムがへまをしているのを見つけます。父親はうんざりした様子でジムを見て，「下手な手を打つ前によく考えろ！」と言いました。
   a. もしあなたがジムだったらどんな気持ちになるでしょうか？
   b. どんなセルフトークが頭に浮かびますか？

4．見たこともない10代の男の子たちが街角でうろうろしています。エラニアがそばを通ったとき，その中の一人が口笛を吹いて彼女を呼び寄せ，それから他の男の子たちもニヤニヤしながら彼女に近づいてきました。

    a. エラニアはどんな気持ちになるでしょうか？

    b. どんなセルフトークが頭に浮かびますか？

5．ジョージとエリカは数か月付き合っています。ジョージはフットボールのスター選手のブレイクが，試合終了後にエリカに話しかけているところを見ました。ジョージがそのことをエリカに問いただすと，エリカは「問題なんかない」と強く言いました。そして，「何かあるなら言ってよ」と言いました。

    a. ジョージはどんな気持ちになるでしょうか？

    b. どんなセルフトークが頭に浮かびますか？

6．レイチェルとシボーンはカフェテリアの反対側にいました。レイチェルがシボーンに近づいてきて，こう言いました。「メリンダが言っていたわ。あなた，ジョーと一緒にメリンダの悪口を言っていたんですって。彼女はあなたにすごく腹を立てているわよ」。シボーンは，自分がメリンダについて何も話していなかった（悪口も言っていない）ことをわかっていました。

    a. シボーンはどんな気持ちになるでしょうか？

    b. どんなセルフトークが頭に浮かびますか？

中学生用回答用紙　感情・セルフトーク（考え）

マイクの感情	マイクのセルフトーク（考え）
カルロスの感情	カルロスのセルフトーク（考え）
ジムの感情	ジムのセルフトーク（考え）
エラニアの感情	エラニアのセルフトーク（考え）
フレッドの感情	フレッドのセルフトーク（考え）
シボーンの感情	シボーンのセルフトーク（考え）

高校生用回答用紙　感情・セルフトーク（考え）

マイクの感情	マイクのセルフトーク（考え）
カルロスの感情	カルロスのセルフトーク（考え）
ジムの感情	ジムのセルフトーク（考え）
エラニアの感情	エラニアのセルフトーク（考え）
ジョージの感情	ジョージのセルフトーク（考え）
シボーンの感情	シボーンのセルフトーク（考え）

LESSON 7
感情を表現する

重要な考え
- 怒りを表現するために選んだ方法は，他者や自分の怒りをエスカレートさせたり，緩和させたりする場合もあります。
- 4つの基本的な怒りの対処法があります。
- 怒りを表現する方法はあなたが過去に学んだ行動です。
- 怒りを含めた感情表現は，自分で選んだ表現方法です。
- どのように感情を表現するかで結果が違ってきます。

資料
怒りを表現する方法（図表 7.1）
怒りを表現する（図表 7.2）
自分の怒りを表現する4つの方法の資料（p.96）のコピー
空白の用紙（怒りの対処の仕方をリストアップする）

手順
怒りを表現する方法
図表 7.1 を使用しましょう
　　（怒りを）エスカレートさせる↑　（怒りを）緩和させる↓

★試してみよう　ブレインストーミングと評価

生徒に聞いてみましょう
・人は怒りをどのように表現しますか？
・人は怒りに対してどのように対処しますか？
　必要なら，人がどのように怒りに対して対処するかの場面を説明します。例えば，誰かにバカにされたら，殴り返す。誰かにバカにされたら，笑って立ち去るなど。

用紙に記入します
・生徒が発表した怒りの対処方法を空白の用紙に１つか２つ記入します。
・生徒が発表した対処方法に価値判断（良い・悪い）を下さないでください。

定義します
・エスカレートとは：（怒りの）範囲または強さが増します（状況を悪化させる）。
・緩和とは：（怒りの）強さのレベルを下げます（状況を好転させる）。

聞いてみましょう
・これらの方法は，怒りの引き金になった対立場面をどのようにエスカレートさせますか，あるいは緩和させますか？

復習しましょう
・用紙に記入した怒りの表現方法を１つずつ考えましょう。

・それぞれの方法のところに，その方法が対立場面を悪化させる
　か，あるいはさせないかを上向きまたは下向きの矢印で示しま
　す。ある項目は，両方の矢印が付くかもしれません。

話し合いましょう
・その対処方法が，怒りをエスカレートさせたり緩和させたりす
　る理由と，どういう状況でそうなるのかについて考えてくださ
　い。
・その方法が対立場面をエスカレートさせたり，緩和させたりす
　るかどうかを決めるとき，怒りを向けられている相手について
　も忘れずに考えてください。

怒りを表現する4つの方法

1．生徒に怒りを表現する4つの方法の資料（p.96）を配布し，復
　習します[1]

2．生徒に聞いてみましょう
・怒りを表現する4つの方法は，それぞれどのようなときに使う
　のが適切ですか？
・適切でもなく，助けにもならない方法はありますか？
・私たちの目標が，長期的に自分の力を保ち，自分を助けるため
　に，怒りや感情を表現する方法を探すことだとしたら，どの方

1　この資料は，下記の著書中に記載されている資料を，許可を得て改変し
　たものです。M. Lindsey, R.W. McBride, and C.M. Platt, *Change Is the
　Third Path: A workbook for ending Abusive and Violent Behavior*, 1993,
　Littleton, CO: Gylantic Publishing Company.

法がより良い選択でしょうか？

・ もし時間があれば，p.94-95 に書いてあるロールプレイもやっ
てみましょう。

怒りを表現することは難しい

1. 図表 7.2 を使用しましょう

   怒りを表現する

   ・ なぜ怒りに対処するのは難しいのでしょうか？

   ・ どうすれば怒りに対処できるようになるでしょうか？

   ・ 手本となる人は誰ですか？

   ・ セルフトークは，怒りを表現するときにどのように影響しま
   すか？

2. 用紙に記入された疑問を質問したり，話し合ったりしましょう

   レッスンの締めくくり：私たちは，自分の力を保ち，未来の目標
   をサポートするのに役立つ方法で怒りを表現することを選ぶこ
   とができます。あるいは，自分の力を手放したり，良い将来を
   手に入れる力を弱めてしまったりする方法で怒りを表現するこ
   とを選ぶこともできます。自分のために何を選びますか？

★試してみよう（オプション）：怒りを表現するロールプレイ

ロールプレイを通して，怒りを表現する４つの方法を実演してみ
ましょう。

・ 怒りを我慢する。

・ 怒りをエスカレートさせる。

- 怒りに直接対処する。
- 怒りに間接的に対処する。

  生徒は前もってロールプレイの台本を書いてもいいし，アドリブ（自然に出てきたセリフ）を言って演じてもいいです。

話し合いましょう
・ボディ・ランゲージについて
・顔の表情について
・明らかな感情の高まりについて（もしあれば）
・その他の問題について

注意：ロールプレイでは，役になりきれば，とてもリアルに感じることができます。この活動によって生徒同士で言い争いが生じないように，彼らの感情や行動をしっかり観察してください。

怒りを表現する4つの方法

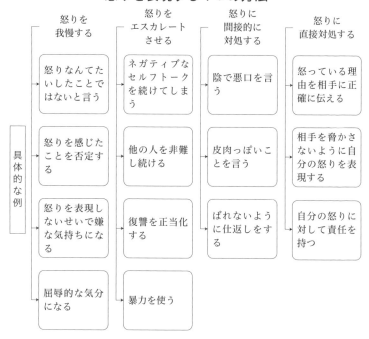

怒りを我慢する	怒りをエスカレートさせる	怒りに間接的に対処する	怒りに直接対処する
怒りなんてたいしたことではないと言う	ネガティブなセルフトークを続けてしまう	陰で悪口を言う	怒っている理由を相手に正確に伝える
怒りを感じたことを否定する	他の人を非難し続ける	皮肉っぽいことを言う	相手を脅かさないように自分の怒りを表現する
怒りを表現しないせいで嫌な気持ちになる	復讐を正当化する	ばれないように仕返しをする	自分の怒りに対して責任を持つ
屈辱的な気分になる	暴力を使う		

具体的な例

LESSON 8
自分の持っている力を保つ

重要な考え
・ 対立や脅威を感じたときにどう対応するかによって，私たちは，自分の力を手放すか，または力を保つのかが決まります。
・ 自分の力を保つための選択肢があります。
・ 感情，対立，怒りに対処するために，健康的な選択をし，実践することができます。

資料
あなたには力があります（図表 8.1）
自分の力を保つ（図表 8.2）
闘うか逃げるか：怒りや対立に対処する方法はいくつもあります（図表 8.3）
より健康的な選択（図表 8.4）
「『私』を主語にした表現」，「対立を直ちに防ぐ」，「思考停止」の配布資料のコピー（p.109-116）

手順
あなたには力があります
1．図表 8.1. を使用しましょう
　　あなたには力があります
　　私たちはどうやって自分の力を手放すのでしょうか？

- 相手を非難したとき：自分の感情の原因は誰か他の人のせいだと考えることは，自分の力を手放すことになります。
- 相手に期待したとき：誰か他の人が行動したり，または行動しなかったりしたせいで，私は……と感じるようになります。
- 自分は誰か他の人を変えられると思ったとき。

2．話し合いましょう
- どのようにして私たちは自分の力を手放すのでしょうか？
  1つ目は非難です。
- 自分の中に起こった感情を他の人のせいにすることは，自分の力を手放すことになります。
- 本当のところは，次のように言っていることになります。「私は自分自身をコントロールできないので，あなたが私をコントロールしています。私には自分をコントロールする力がありません」。
- もし私があなたを非難すれば，私の怒りの原因はあなたにあるということを意味しているので，私は自分に責任を持てないということです。自分で責任を負わないのであれば，自分には力がないということで，私は自分の力をあなたに渡しているのです。
- もし私が自分の意志で行動し，自分で責任をとるのであれば，あなたのせいにして嫌な気持ちになることも傷つくこともありません。あなたは私をコントロールできません。なぜなら，あなたが私をコントロールするのではなく，私が自分自身をコントロールして，自分で責任をとることができるからです。私自身の力は，あなたが持っているのではなく，私が持っているのです。

★試してみよう：非難をひっくり返す

　相手の考え方を理解し，非難を回避するための方法は，「自分に間違っている点はないか」と自問することです。

・非難される状況を選んでください。

・非難されても当然だと思われるような行動やその理由を，できるだけたくさん考えるように，生徒に指示してください。

　注意:相手を非難したくなるようなときに，自分自身を振り返りながらこのエクササイズができるようになると，相手を安易に責めなくなります。それによって，私たちの怒りは和らぐか，または冷静な気持ちに変わります。

3．話し合いましょう

・自分の力を手放すことになる2つ目は何でしょうか？
　それは，相手への期待です。

・あなたに期待するかどうかを私は自分の意志で決めます。私があなたに何かを期待して，あなたがそれをしなかったとき，私の怒りの責任は誰にあるのでしょうか？

・相手に期待するのも自分で選んだことです。もし，自分が誰かに期待して，その人が期待に応じてくれないことで怒るなら，自分の感情をコントロールする力をその人に渡したことになります。その人は，私の期待に応じないことによって，私の感情をコントロールできるようになるのです。

4．話し合いましょう

・自分の力を手放す3つ目は何でしょうか？

それは，「誰かを変えられると思ったとき」です。

・誰かが変わるかどうかで自分の幸せが決まるとしたら，自分の感情は相手に支配されているということになります。例えば，「もしあの人が変わってくれれば，私は怒らないのに」というセルフトークをするとすれば，相手が変わるか変わらないかが，自分の感情（怒り）の引き金になってしまうのです。つまり，その人が私の感情をコントロールしていることになるのです。

5．話し合いましょう
・ここで述べたことは，生徒の生活や個人的な状況，対立にどのように適用できるのでしょうか。自分の力を手放す３つの状況が，どのように自分自身に当てはまるか，について生徒に考えてもらいます。

 自分の力を保つ
1．図表 8.2 を使用しましょう
 自分の力を保つ
 どんなときに怒りがわき上がってくるかを意識してみましょう。
 立ち止まって考えよう！
  セルフトーク：ポジティブかネガティブか？
 方略を使いましょう。
  冷静さを保ちましょう。
  落ち着きましょう。
  健康的な選択をしましょう。

2．生徒に伝えましょう
・あなたは選ぶことができます。他の人の動きに反応したり，操

り人形（あるいは釣り針にかかった魚）になったりする必要はありません。

・あなたは自分の力を保つか，または手放すかを，自分で選ぶことができます。

・あなたにポジティブな結果をもたらす方法で，パワフルになることを選ぶことができます。

・バカにされたときは，相手を非難するのではなく，自分でポジティブな選択をしてください。あなたは誰かの操り人形になる必要はありません（あるいは，いじめっ子の釣り針に食いつく必要もないのです）。

3．図表 8.2 の要点について各自話し合いましょう

どんなときに怒りがわき上がってくるかを意識してみましょう。

・多くの人は，怒りのサインを無視する習慣が身に付いています。怒りのレベルが上がり始め，怒りが猛烈になりコントロールできないようになって，初めて気づくのです。

・LESSON 2 で学習した『闘争・逃走反応』のことを思い出してください。自分が怒り出しそうになっているときに，そのことに気づくことができますか？　私たちの身体にはどんなサインが現れるでしょうか？

立ち止まって考えよう！

・身体のサインに一旦気づいたら，よく考えてみましょう。どんなセルフトークを言いますか？　ポジティブ，それともネガティブ？

方略を使いましょう。

- 冷静さを保ちましょう！　もうあなたは，自分の身体の反応と考えについて理解しました。さあ，次は自分が使えるスキルを選んでみましょう。
- 落ち着きましょう。落ち着きを失ったら，自分の力を手放すことになります。
- 健康的な選択をしましょう。

闘うか逃げるか：怒りや対立に対処する方法はいくつもあります

1．図表 8.3 を使用しましょう

   闘うか逃げるか：怒りや対立に対処する方法はいくつもあります。

   - 変化球を投げる：予想外のことをやってみましょう。
   - ポジティブなセルフトークを使ってみましょう。
   - 相手の立場になって考えてみましょう。
   - アサーティブになってみましょう。
   - 軽い気持ちになってみましょう。
   - 自分自身に聞いてみましょう：争う価値があるだろうか？

2．各方略について話し合ってみましょう

   変化球を投げる──予想外のことをやってみましょう。

- 誰かが引き金になって自分の中に怒りがわいたとき，それが故意であったとしても，故意でなかったとしても，その状況に対応するための最善の方略は，予想外のことを行ってみることです。
- もし誰かがわざとあなたのことをバカするような言葉を言ってきたら，あなたをへこまそうと思っているのです。その人はあなたをバカにすることで，あなたのネガティブな反応を期待し

ているのです。予想外のことを言って驚かせましょう。

例

相手の人が言っていることの一部分に賛同し，感謝の意を示してから，その場を立ち去ってください。

例えば，相手が「あなたは何をするにも行動が遅いわよね」と言ってきたら，微笑み，うなずいて，「そういうところがあるかもしれませんね。正直に言ってくれてありがとう」のように言います。

そして，非常に落ち着いて冷静に，「気遣いのある」質問をしてください。例えば，「そのことが気になるのはどうしてですか？」のように。

注意：これらの方略とこれ以外の方略が，112-114 ページの『対立を直ちに防ぐ』の中にリストアップされています。

ポジティブなセルフトークを使ってみましょう。

・私はこのことに対処することができます。

・これは私の問題ではありません。私は大丈夫。

・争いは，それに見合う価値がありません。

相手の立場になって考えてみましょう。

・生徒は，「『バカな人たち』のせいで自分は怒っている」とよく言いますが，『バカな人たち』がどんな人たちなのかを定義するのが難しいこともわかっています。私たちは，なぜ人は『愚かな』行動をするのか，その理由を理解しようと心がければ，自分の対応をより上手くコントロールできるようになります。

・迷惑なことをする人の言動の動機を理解するためには，共感が必要です。人が「愚かな」行動をとるのは，傷ついたり，不安になったり，ストレスを感じているからかもしれないと理解す

ると，怒りの反応を和らげることができます。

アサーティブになってみましょう。
・ 自分がどう感じているか，そして自分が必要としていることを
　表現するために「私」を主語にした表現を使ってみましょう。

軽い気持ちになってみましょう。
・ 緊張状態に対処するためにユーモアを使いましょう。
・ 皮肉や非難を避けるように心がけましょう。

自分自身に聞いてみましょう。「争う価値があるだろうか？」
・ 争った結果の代償は何でしょう？　それは長期的にみて価値の
　あるものでしょうか？

注意：若い人は，長期的な視点で物事を考えることが苦手です。「短期
　的なメリットが，長い目で見るとデメリットになるかもしれない」と
　いうことを彼らが理解するには，私たちの手助けが必要です。

3．必要に応じて，107-108 ページに記載されているオプションの
　ロールプレイを生徒にさせてください

注意：その他の方略は『対立を直ちに防ぐ』の資料に記載されていま
　す。

より健康的な選択
1．図表 8.4 を使用しましょう
　より健康的な選択
　　・「私」を主語にした表現を使ってみましょう。
　　・（自信を持って）その場を立ち去りましょう。

- 対立を直ちに防ぎましょう。
- 「タイムアウト（中断）」を伝えましょう。
- 共感しましょう。
- 思考停止をやってみましょう。
- 暴力に頼らず自分を守りましょう。

2. 次の活動を行ってみましょう

★試してみよう：『私』を主語にした表現

「『私』を主語にした表現」の配布資料（109-111 ページ）のコピーを生徒に渡し，復習してみましょう。

- グループで，対立場面のシナリオを作ってみましょう。
- 台本についてブレインストーミングして，対立のシナリオに対処するためにアサーティブな方策を含めるようにしましょう。
- 二人の生徒にロールプレイをさせましょう。生徒1役の人が対立を引き起こし，生徒2役の人が作成した台本を使います。
- 周りで見ている生徒には，ボディランゲージと口調をよく観察するように指示してください。その後，生徒が観察した内容，経験した感情，洞察した事柄について話し合ってください。

★試してみよう：自信を持って立ち去るか，
タイムアウト（中断）を伝えるか

自信を持って立ち去ることは，自分の力を保つための方略となる，という考えについて話し合ってみましょう。

- 二人の生徒にロールプレイをさせましょう。
  生徒1役の人はけんかをふっかけようとし，生徒2役の人は自信をもってその場を立ち去ります。
- 生徒2役の人は以下の指示のように振る舞います。
  一歩下がってから，横に一歩移動します。
  両手を自分の体の前部の腰の高さに置き，自分の体をガードします。
  強い口調で「けんかはしたくない」，「私に触れないでください」，「タイムアウトを取ります」，「お互いが冷静になったときにこのことについて話しましょう」というようなことを言ってください。
  対立を引き起こそうとしている人を振り返らないで，その場を立ち去りましょう。頭を高く，背筋を伸ばして（この重要なボディランゲージを学ばせるために必要であれば，生徒の頭に本を置きましょう）。

★試してみよう：対立を直ちに防ぐ

「対立を直ちに防ぐ」配布資料（112-114ページ）のコピーを生徒に渡し，復習してみましょう。

- からかわれたり，誰かと議論になったり，けんかに巻き込まれそうになったときに，どのような対立が生まれるかについて話し合いましょう。
- ブレインストーミングして，「対立を直ちに防ぐ」配布資料に書かれている表現を使ってみましょう（最近の若者ことばに合わせて，配布資料の表現を調整してください）。

・ロールプレイの会話：他の人の言葉による個人攻撃，からかい，批判，言いがかりなどに対して，配布資料にある推奨フレーズや言葉を使ってみましょう。

★レッスン後の活動：思考停止

「思考停止」配布資料（115-116 ページ）のコピーを生徒に渡し，復習してみましょう。

・怒りをあおりやすい，頭から離れないネガティブなセルフトークを生徒たちがコントロールできるようにするには，思考停止が役に立つことを生徒へ伝えてください。

・宿題：今から次のレッスンまでの間に，自分がネガティブなセルフトークをしていないか確認してみましょう。自分が何度もネガティブなセルフトークを繰り返していることに気づいたら，思考停止のテクニックを試してみて，あなたにとってそれが役立ったかどうか観察してください。もし，そのテクニックが役に立たなければ，別のテクニックを試してください。ここでの学習目標は自分の力を保つための方法を 1 つ見つけることです。

★試してみよう（オプション）：変化球を投げるロールプレイ

これらのロールプレイは自然に発話が起きることが望ましいのですが，既成の台本を使ってもいいでしょう。しかし，生徒たちの間でよく使われる言葉を用いたリアルな状況を設定して，生徒がその

場でセリフを作ることがベストな活動となります。

- 二人の生徒で行うロールプレイ：生徒1役の人が対立を引き起こそうとして，故意に生徒2役の人の怒りを引き起こします。生徒2役の人はアンガーマネジメントのスキルを使います。
- バカにされた生徒は次のような方略のいずれかで，対応してみてもいいでしょう。

  微笑んでうなずきましょう。

  相手が言っていることの一部分に同意し，感謝の意を示してから，その場を立ち去ってください。

  あえて誉め言葉のように見せてください。

  非常に落ち着いて冷静に，「気遣い」のある質問で対応しましょう。

  例えば，「そんなふうに思う理由は何なのかな？」など。

  他のロールプレイのオプションは，『対立を直ちに防ぐ』配布資料の中でも見つけることができます。

「私」を主語にした表現

「私」を主語にした表現には，たくさんの形があります。使い慣れてくると，さまざまな言い回しを見つけやすくなるでしょう。学習する際には，決まった言い方から始めるのがよいでしょう。

初めに
誰が問題を抱えているのかを考えましょう（それは誰の問題？）。もしあなたが動揺しているなら，それはあなたの問題です。他の人が動揺しているなら，それはその人の問題です。あなたが，その人との人間関係を気にしているのなら，それは二人の問題になります。

第二に
次のテンプレートを使って，自分の気持ちをどのように表現するかを考えてみましょう。
1．私は＿＿＿＿＿＿（不安に感じて，困って，あせって，傷ついて，恐れて）いる
2．＿＿＿＿＿＿したとき（何が起こったかを話してください）
3．なぜなら＿＿＿＿＿＿だから（なぜそのことであなたは動揺するのか）
4．そして，私は＿＿＿＿＿＿したい（あなたがこうしてほしいと思っていること，または変えたいと思っていること）

例えば
「私の話のじゃまをすると，あなたが私を怒らせることになるんだよ！」と言う代わりに，「あなたが私の話を遮ったとき，私は見下されているような感じがして，いい気分ではありませんで

した」と言います。

　最初の表現は相手を責めているだけでなく，自分の力を手放すことにもなっています。
　「私が話しているときは，話を遮らないようにしてください」と付け加えると，さらに表現がレベルアップします。

注意

・「私」を主語にした表現が，実は「あなた」を主語にした表現になっていないか，ということに注意してください。「私は，あなたが〜だと感じる」とか，「私は，あなたが〜しているように感じる」という表現を使わないでください。このような表現は，あなたが伝えようとしていることを混乱させ，相手への批判や否定的な意味合いが含まれているからです。「私は，あなたが〜だと感じる」という表現は，相手を攻撃することになります。「感じる」という表現には感情的な言葉が必ず伴っているからです。

・あなたが，「私」を主語にした表現を使うときには，怒りの感情を表す言葉を使わないようにしましょう。怒りの感情の言葉を使えば，相手は聞くのをやめてしまうことが多いのです。その場を離れて，怒りの根底にある感情が何であるかを考える時間をとり，一次感情の言葉を使って自分の気持ちを表現するようにしましょう。「私は怒っている」（または「イライラする」のような，怒りの感情を表す他の表現）という表現を聞くよりも，「私は圧倒された感じです」，「私は見下されているように感じる」，「私は傷つきました」というように表現した方が，相手は聞き入れやすいのです。

対立をエスカレートさせる 「あなた」を主語にした表現	同じ対立の場面で「私」を 主語にした表現
あなたは私のことを気にかけて くれない。	私は，あなたが返事をしてくれ ないと，無視されたって感じま す。
あなたは，僕の彼女／私の彼に つきまとった。	あなたが〜を口説いていると， 私は見下されているように感じ ます。
あなたは，思いやりのない間抜 けよ。	あなたから批判されると，私は 裏切られたような気分になりま す。

対立を直ちに防ぐ

威嚇，威圧，皮肉，押しつけ，搾取，ごまかし等，言葉のやりとりに違和感を覚えたら，それは「いじめ」かもしれません。また，誤解のために動揺し，その場で自分の気持ちや考えを適切に伝えることができない人を相手にしているだけかもしれません。

初めに
自分の身体からのサインを意識して注意を払います。不快感やアドレナリンの分泌などの身体的兆候を無視してはいけません。

第二に
立ち止まって，呼吸を整え，「私はこのことに対処できる」と自分に言い聞かせてください（ポジティブなセルフトークを使う）。

第三に
・ 意識して行動してください（衝動的に反応するのではなく）。
・ ボディランゲージと選ぶ言葉を意識してください：あなたの力を保ってください。

対立をエスカレートさせないような言葉で対応しましょう
・ わかりました。
・ あなたの気持ちを話してくれてありがとう。
・ そうだね。
・ ああ，つらいな（自分が傷ついていることを相手に知らせます。相手が気づいていないこともあります）。
・ このことで，あなたは動揺しているんですね。

- 傷つけてごめんなさい。そんなつもりじゃなかったよ。
- 私は自分を守る必要はないし，守るつもりもありません。
- すみませんが，まだ言い終わっていません（優しく言いましょう）。
- 相手の発言のすべてではなく，一部に同意してください。（例えば，「あなたは背が低いから，肩に力が入っている」と言われたら，「そうだね。私は背が低いよ」と同意する）。
- あなたは興味深い視点を持っているね。
- そのことについて，もう少し考えなくちゃいけないね。
- あなたの気持ちが落ち着いたら，話そう（「タイムアウト（中断）」と言って離れます）。
- 私の気持ちが落ち着いたら，話すね（「タイムアウト（中断）」と言って離れます）。
- ほめてくれてありがとう。

質問する人は自分の力を保つことができます
- そのことが気になる理由は何なのかな？
- どうしてそうなのかな？
- なぜその質問をするの？
- 何を根拠にそんなことを言うの？
- よほどの理由がなければ，あなたはそんなこと言わないでしょう。それが何なのか教えてもらえませんか？

成功の秘訣
- 落ち着きましょう。
- 穏やかな言葉で話しましょう。
- 落ち着いたトーンで話しましょう。

・「〜べき」「〜のはず」や「〜に違いない」という表現を避けましょう。

思考停止

　思考停止は，怒りをあおるような繰り返されるネガティブなセルフトークをコントロールするのに役立ちます。以下の手順で，ネガティブな思考を止めてみましょう。

手順1
　ネガティブなセルフトークに執着していることに自分で気づいてください。例えば，自分が怒っている相手のことを考え，頭の中でその状況をくり返し確認しています。多くの場合，あなたのセルフトークは，その過程でより暴力的になり，より激しくなります。

手順2
　自分が何をしているのか，立ち止まって考えてみましょう。思慮深い探偵になってみましょう。

手順3
　ネガティブなセルフトークから心をそらすようなことを意識して行いましょう。例えば，以下のように。
- 「ストップ」と叫ぶ，または「ストップ！　私の中には怒りをコントロールする力がある」と心の中で叫ぶのです。最終的には，「ストップ」とささやくだけで，怒りのセルフトークから心が解放されるかもしれません。
- 真っ赤なストップサインをイメージしましょう。
- 手首に輪ゴムを巻いて，気になることがあったら，輪ゴムをパチンとはじいて，少しだけチクっとさせてみましょう。
- 腕を軽くつまんで，真っ赤なストップサインをイメージしてみ

ましょう。

手順4

ネガティブな考えを次のような考えに置き換えてみましょう。

・「私はこのことに対処することができます！」
・「自分の時間とエネルギーは，このこと以上の価値があります！」
・「こんな考え方をしていても何の得にもならない」

プログラムの終結

プログラムの終結は別のミーティングで行うのが理想的ですが，それができない場合は，LESSON 8 の一部として提示することができます。

重要な考え
・私たちには，暴力を使わずに身を守るという選択肢があります。
・私たちは，自分の力を保ち，自分のために立ち上がるための方略を持っています。

資料
「自分の力を保つテクニック」配布資料（p.119）のコピー

手順
1．話し合いましょう
　・暴力を使わずに自分を守る方法。

2．聞いてみましょう
　・これまでのレッスンで私たちは何を学びましたか？
　・あなたは，どの方略を自分で頻繁に使ってみようと思いますか？
　・怒りをコントロールして，自分の力を保つためのテクニックは何でしょうか？

3．生徒に，「自分の力を保つテクニック」配布資料を渡し，話し合

いましょう

4．できれば，参加者が学んだことの補強やサポートが必要となる
ときのために，今後も彼らに門戸を開いておいてください。生徒
が長年生きてきた中で学んだことは，8回のレッスンではカバー
しきれません。あなたは，種をまき，彼らに道具を与えました。
彼らは，怒りをコントロールするためのスキルを身に付けようと
しているところです。彼らにとってはまだほんの始まりに過ぎま
せん

自分の力を保つテクニック

争う代わりに，あなたは何ができますか？

- 変化球を投げる——予想外のことをやってみましょう。
- 落ち着きましょう。
- ポジティブなセルフトークを使ってみましょう。
- 相手の立場に立って考え，共感してみましょう。
- アサーティブになってみましょう。
- 軽い気持ちになってみましょう。
- 微笑んで，うなずきましょう。
- 自分自身に聞いてみましょう。「争う価値があるだろうか？」

あなたの力を保ってください

- どんなときに怒りがわき上がってくるかを意識してみましょう。
- 立ち止まって考えよう！
- 自分自身に聞いてみましょう。「私のセルフトークはポジティブ？それともネガティブ？」

自分の方略を使いましょう

- 冷静さを保ちましょう。
- 落ち着きましょう。
- 健康的な選択をしましょう。

質問する人は自分の力を保つことができます。

- それはあなたの意見だと思いますが，そのことを私に伝えたい理由は何ですか？
- なぜ私にその話をするのですか？
- 何がいけないのですか？
- あなたはどう思いますか？
- もっと教えてもらえますか？
- どういう意味ですか？
- それは悪いことですか？　良いことですか？

対立を直ちに防ぐ表現

- なるほど…それは興味深い視点ですね。
- そのことについて，もう少し考えるよ。
- あなたの言う通りかもしれませんね。
- つらかったですね（共感）。
- あなたが今怒っているのがわかります。……してみましょう。

付録A
図　　表

図表 1.1

アンガーマネジメントを始めるチャンス

・基本ルール

・ここにあなたがいる理由は？

・自分のことを言うか言わないかを選ぶのは自分自身

・あなたへの期待

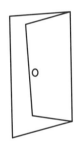

チャンスの扉を開いてください！

図表 2.1

次の記述は正しいですか？

・私には，自分が感じたことを感じる<u>権利</u>があります。

・私はどんな感情でもありのままに感じてよいのです。

・私がどんな感情を抱くかは，<u>自分次第</u>です。

図表 2.2

一次感情をいくつか挙げてみましょう

怒り は二次感情です。

自分の感情は自分のものです

・自分がどんな感情を抱くかは自分次第です。

・誰も私たちの感情をコントロールすることはできません。

・誰も私たちを<u>怒らせる</u>ことはできません。

・人々は私たちの怒りの<u>引き金</u>となるのです。

・私たちは自分がどう感じるかを<u>選んでいます</u>。

図表 2.4

私たちは選ぶことができます

・自分の気持ちを受け止めましょう。

<u>そして</u>

・賢い行動をしましょう。

あなたは操り人形ですか？

図表 2.5

私たちが 怒り を感じるとき……

・私たちはダメな人間というわけではなく，ただ怒っているだけです。
・その怒りをどうするかは，私たちが選択することです。
・失敗しても，私たちはダメな人間ではありません。私たちは，ただ学んでいるのです。

怒りの生理的定義

・ノルアドレナリンは，神経伝達物質として
　働く場合，心拍，呼吸，体温を調節します。

・アドレナリンは，闘争・逃走反応を引き起
　こす引き金になります。

怒りを感じたとき，あなたの身体はどのよう
に反応しますか？

図表 3.2a

何があなたを怒らせるのですか？

_____

図表 3.2b

あなたの怒りの引き金になる

何が ~~あなたを怒らせる~~ のですか？

怒りの反応！

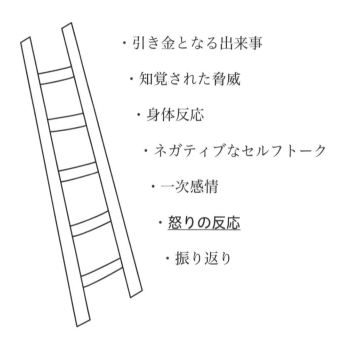

・引き金となる出来事

・知覚された脅威

・身体反応

・ネガティブなセルフトーク

・一次感情

・<u>怒りの反応</u>

・振り返り

図表 4.1

化学物質の乱用と感情

・気分を変える薬物は，脳内の化学物質のバランス
　を乱します。

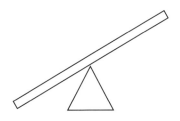

・脳は天然の化学物質を<u>減らす</u>ことで調整します。
・脳はバランスを保つために薬物を<u>必要とします</u>。

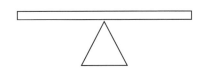

ニューロン・シナプス・受容体

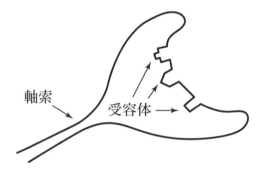

軸索　　受容体

私たちが演じている役割

- ・意識している役割
- ・無意識の役割
- ・理由は？
- ・結果と影響

図表 6.1

怒った	いらいらした	心配した	退屈した	用心深い
まごついた	意気消沈した	むかついた	疑った	当惑した
不満を抱いた		気　　分		後ろめたい
幸福な	希望に満ちた	ヒステリックな	寂しい	意地悪な
緊張した	くじけそうな	くたくたな	悲しい	満足した
内気な	愚かな	心を奪われた	驚いた	興奮した

怒りを表現する方法

エスカレートさせる ⬆   緩和させる

怒りを表現する

- なぜ怒りに対処するのは難しいのでしょうか？
- どうすれば怒りに対処できるようになるでしょうか？
- 手本となる人は誰ですか？
- セルフトークは，怒りを表現するときにどのように影響しますか？

私は落ち着いていられます。

図表 8.1

あなたには力があります

私達はどうやって自分の力を手放すのでしょうか？

- <u>相手を非難したとき</u>
  自分の感情の原因は誰か他の
  人のせいだと考えることは，
  自分の力を手放すことになり
  ます。

- <u>相手に期待したとき</u>
  誰か他の人が行動したり，ま
  たは行動しなかったりしたせ
  いで，私は……と感じるよう
  になります。

- <u>自分は誰か他の人を変えられ</u>
  <u>ると思ったとき</u>

自分の力を保つ

・どんなときに怒りがわき上がってくるかを意識してみましょう。

・**立ち止まって考えよう！**
　セルフトーク：ポジティブかネガティブか？

・方略を使いましょう。
　冷静さを保ちましょう。
　落ち着きましょう。
　健康的な選択をしましょう。

図表 8.3

闘うか逃げるか：怒りや対立に対処する方法は いくつもあります

- 変化球を投げる：予想外のことをやってみ ましょう。
- ポジティブなセルフトークを使ってみま しょう。
- 相手の立場になって考えてみましょう。
- アサーティブになってみましょう。
- 軽い気持ちになってみましょう。
- 自分自身に聞いてみましょう：争う価値が あるだろうか？

図表 8.4

より健康的な選択

・「私」を主語にした表現を使ってみましょう。

・(自信を持って)その場を立ち去りましょう。

・対立を直ちに防ぎましょう。

・「タイムアウト(中断)」を伝えましょう。

・共感しましょう。

・思考停止をやってみましょう。

・暴力に頼らず自分を守りましょう。

付録B
アンガーマネジメントの評価に
用いる事前テストと事後テスト

　ここに掲載されている事前テストと事後テストは，一定の信頼性と妥当性があります。けれども，事前テストや事後テストだけで，アンガーマネジメント・プログラムを効果的に評価できるわけではありません。アンガーマネジメント・プログラムの有効性を評価しようとする他の研究者の実践を見ると，ほとんどの評価には課題があることがわかります。これらの課題には，プログラムが構造化されずに紹介されていること，効果がすぐには現れないプログラムの影響を測定することの難しさ，教室や学校における教育方針の違いなどがあります。また，ここで紹介したような自己評価は，大人が観察できるような成長を反映していない可能性もあります。

　グループ外の人が日常の場面で，当人の行動を見て，その変化を長期的に観察評価しない限り，プログラムの効果を証明することは困難です。しかし，生徒，教師などさまざまな関係者から得たデータは，生徒たちがこのプログラムから学んだことを経験に活かしていることを示唆しています。

アンガーマネジメント事前テスト

名前（または ID）＿＿＿＿＿＿＿＿＿＿＿＿＿＿＿　　　年　月　日

次の問題を読んで，正しいと思えば「○」を，間違っていると思えば「×」を つけてください。

○ / ×

1．私には，自分が感じたことを感じる権利がある。	
2．私たちはどんな感情でもありのままに感じてよい。	
3．私は自分の感情を持っている。	
4．私は自分がどう感じているかを，怒りや腹立つ，イライラす るという言葉を使わずに説明することができる。	
5．人は私を怒らせることができる。	
6．他人の愚かな行動で私が怒ったとしたら，それはその人のせ いだ。	
7．いったん怒ると，それをどうにかすることはできない。	
8．怒りはとても早くわき起こるので，怒り始めたことに自分で は気づかない。	
9．薬物を使用しても，怒りをコントロールできる効果はない。	
10．薬物の中には，効果が切れた後でも気分に影響を与えるも のがある。	
11．私は，自分がなぜそのように行動するのかをいつも意識し ている。	
12．私は，自分が生きるためのルールを常に意識している。	

次の質問に，簡潔に答えてください。

1．一次感情の例を挙げてください。

2．二次感情の例を挙げてください。

3．自分の怒りをコントロールできますか？

4．闘争・逃走反応とは何ですか？

5．怒りに対処するためにできることをいくつか挙げてください。

　あなた自身について，以下の項目を1（低い）から10（高い）の間で評価してください。

1．このプログラムは，私にとって役に立つものだと思う。

| まったく
思わない | 1　2　3　4　5　6　7　8　9　10 | とても
思う |

2．1週間のうちで，どのくらいの頻度で怒りますか？

| ほとんど
怒らない | 1　2　3　4　5　6　7　8　9　10 | 頻繁に
怒る |

3．1週間にどのくらいの頻度で，怒りによって問題を抱えることがありますか？

| まったくない | 1　2　3　4　5　6　7　8　9　10 | たくさん
ある |

4．私は怒りに対処するための良いスキル（方法）を持っている。

| まったく持っ
ていない | 1　2　3　4　5　6　7　8　9　10 | たくさん持っ
っている |

アンガーマネジメント事後テスト

名前（または ID）_____　　　年　月　日

*次の問題を読んで，正しいと思えば「○」を，間違っていると思えば「×」を
つけてください。*

○／×

1．私には，自分が感じたことを感じる権利がある。	
2．私たちはどんな感情でもありのままに感じてよい。	
3．私は自分の感情を持っている。	
4．私は自分がどう感じているかを，怒りや腹立つ，イライラするという言葉を使わずに説明することができる。	
5．人は私を怒らせることができる。	
6．他人の愚かな行動で私が怒ったとしたら，それはその人のせいだ。	
7．いったん怒ると，それをどうにかすることはできない。	
8．怒りはとても早くわき起こるので，怒り始めたことに自分では気づかない。	
9．薬物を使用しても，怒りをコントロールできる効果はない。	
10．薬物の中には，効果が切れた後でも気分に影響を与えるものがある。	
11．私は，自分がなぜそのように行動するのかをいつも意識している。	
12．私は，自分が生きるためのルールを常に意識している。	

次の質問に，簡潔に答えてください。

1．一次感情の例を挙げてください。

２．二次感情の例を挙げてください。

３．自分の怒りをコントロールできますか？

４．闘争・逃走反応とは何ですか？

５．怒りに対処するためにできることをいくつか挙げてください。

あなた自身について，以下の項目を１（低い）から10（高い）の間で評価してください。

１．このプログラムは，私にとって役に立つものだと思う。

| まったく 思わない | 1 2 3 4 5 6 7 8 9 10 | とても 思う |

２．１週間のうちで，どのくらいの頻度で怒りますか？

| ほとんど 怒らない | 1 2 3 4 5 6 7 8 9 10 | 頻繁に 怒る |

３．１週間にどのくらいの頻度で，怒りによって問題を抱えることがありますか？

| まったくない | 1 2 3 4 5 6 7 8 9 10 | たくさん ある |

４．私は怒りに対処するための良いスキル（方法）を持っている。

| まったく持っ ていない | 1 2 3 4 5 6 7 8 9 10 | たくさん 持ってい る |

推奨資料

The Atrium Society®
PO Box 816 Middlebury, VT 05753
Phone: (800) 848-6021 http://www. atriumsoc. org/

Change Is the Third Path: A Workbook for Ending Abusive and Violent
  Behavior, by Robert McBride, Michael Lindsay, and Constance Platt,
  1996, Littleton, CO: Gylantic Publishing Company. (*Most recent
  edition of the book on which the handout "Four Ways to Express" anger is
  based.*)
Phone: (303) 773-2616 http://www. gylantic. com/change. htm

National Institute on Drug Abuse (NIDA) National Institutes of Health
6001 Executive Boulevard, Room 5213
Bethesda, MD 20892-9561
Phone: (301) 443-1124 http://www. nida. nih. gov/drugpages. html

Simon's Hook: A Story about Teases and Put-downs, 1999, by Karen Gedig
  Burnett (Author) and Laurie Barrows (Illustrator). Roseville, CA: GR
  Publishing.

Phone: (831) 335-5366 http://www. grandmarose. com/

Talk, Trust & Feel Therapeutics
1120 Buchanan Avenue
Charleston, IL 61902
Phone: (217) 345-2982 http://members. aol. com/AngriesOut/

Violence Prevention Curriculum for Adolescents (Teenage Health Teaching
  Module; Video and Teacher's Guide), by Deborah Prothrow-Stith, 1987,
  Newton, MA: Education Development Center, Inc.
Phone: (617) 969-7100 https://secure. edc. org/publications/prodview.
  asp?656

A Volcano in My Tummy: Helping Children to Handle Anger, by Elaine
  Whitehouse and Warwick Pudney, 1996, Gabriola Island, BC V0R 1X0
  (Canada): New Society.
Phone: (250) 247-9737 http://www. newsociety. com/bookid/3733

For the world's longest list of feeling words: http://eqi.org/fw.htm

著者について

　スーザン・ジングラス・フィッチェル（教育学修士）は 1980 年代から公立学校を中心に活動しています。彼女は，20 年以上にわたり，特別なニーズを持つ若者や，行動や怒りのコントロールに問題を抱えている若者，いじめにあっている若者のニーズに対応してきました。

　1999 年以来，高校や中学で 10 代の若者を対象としたアンガーマネジメント・グループの共同進行役を務めています。彼女は，思いやりのある包括的な学校コミュニティを構築し，生徒と教師が教室でうまくやっていけるための支援に重点を置いています。

　彼女のその他の著書には，「*Special Needs in the General Classroom: Strategies That Make It Work*」（一般教室での特別支援；うまくいくための方略）（Cogent Catalyst），「*Please Help Me with My Homework! Strategies for Parents and Caregivers*」（私の宿題を手伝って！：親と介護者のための方略）（Cogent Catalyst），「*Free the Children: Conflict Education for Strong, Peaceful Minds*」（子どもたちを開放しよう：強く，平和な心を育てるためのコンフリクト教育）（New Society）などがあります。

　全米で活躍する行動的な講演者であり，教育コンサルタントでもあるスーザンは，すべての教室ですべての生徒の成果を高めるための実践的な方略を提供しています。彼女は，現職教員のための研修，基調講演，コンサルタント業務を行っています。詳細については，以下までお問合せください。

Susan Gingras Fitzell
Susan Fitzell & Associates
Manchester, NH 03108
Phone:（603）625-6087
http://www. susanfitzell. com/

付録のダウンロード方法

　本書 p.121-139 に掲載されている付録 A（図表 1.1 〜図表 8.4）と p.142-145 に掲載されている付録 B（アンガーマネジメント事前テスト, 事後テスト）は，PDF データを小社のホームページからダウンロードできます。

ご利用方法
　このダウンロードができるのは，本書の購入者に限ります。購入者以外の利用はご遠慮ください。また，本データのファイル形式は「PDF」になります。ファイルを開くには PDF を閲覧するソフトが必要となります。

本データのダウンロードの仕方
1）小社の販売サイト「遠見書房の書店」https://tomishobo.stores.jp/ にアクセスをしてください。
2）左上の検索ボタン（虫眼鏡のような形をしたアイコン）を押して，「購入者用ダウンロード資料」を検索してください。URL は，https://tomishobo.stores.jp/items/63bd008291260a1ac58fc5e7 です。（もしくは右の二次元バーコードをお使いください）
3）「0円」であることを確認して，「カート」に入れて，手続きを進めてください。ご入力いただくお名前などは何でも構いませんが，メールアドレスは後日の連絡用に必要になることもありますので正しいものをお使いください。
4）手順に沿ってダウンロードができたら，ファイルをクリックします。パスワードを要求される場合は，ns6tgaf10（エヌ・エス・ろく・ティー・ジー・エー・エフ・いち・ぜろ）を入力してください
5）ファイルサイズは，1.2MB ほどです。
6）うまく行かない場合は，弊社 tomi@tomishobo.com までご連絡ください。

使用条件

・本付録が利用できるのは，本書の購入者のみです。購入者以外は利用できません。

・このデータは，購入者がアンガーマネジメントの授業や研修を行う際に資料として利用するために作られたものです。読者の授業や研修とは関係のない第三者への本データの販売，譲渡，本データをウェブサイトやSNS などで不特定多数の方がアクセスできるようにすることなどは禁止します。

・本書の購入者が，アンガーマネジメントの授業や研修以外の活動において使用する場合（たとえばウェブサイトや印刷物に利用する等）は，弊社 tomi@tomishobo.com までお問い合わせください。

・不正な利用が見つかった場合は必要な措置をとらせていただきます。

・本書付録の著作権は，著者の Susan Gingras Fitzell さんに，配布権は遠見書房に帰属します。

・本書の付録の著作権についての問い合わせは，遠見書房が窓口になっています。何かわからないことがある場合，御気軽にお問い合わせください。

遠見書房 tomi@tomishobo.com

訳者紹介

佐藤恵子（さとう けいこ）

一般社団法人アンガーマネジメントジャパン代表理事。臨床心理士。

東京国際大学大学院臨床心理学研究科 臨床心理学専攻修士課程修了。精神科クリニック勤務，東京都公立学校の元スクールカウンセラー。現在，私立中学校・高等学校にスクールカウンセラーとして勤務。テキスト開発や研究，教育・産業・医療・福祉分野で研修会等を行う。

主な著書に，『イライラに困っている子どものためのアンガーマネジメントスタートブック―教師・SC が活用する「怒り」のコントロール術』（遠見書房, 2018），『Q＆Aでわかる！ 先生のためのアンガーマネジメント―イライラに押しつぶされそうになったら読む本』（明治図書, 2021），『職場でできるアンガーマネジメント―パワハラ，メンタル不調，離職を防ぐ！』（誠信書房，2022）など。

竹田伸也（たけだ しんや）

鳥取大学大学院医学系研究科臨床心理学講座教授。博士（医学），公認心理師，臨床心理士，日本老年精神医学会上級専門心理士，日本認知・行動療法学会認知行動療法スーパーバイザー。香川県丸亀市生まれ。

「生きづらさを抱えた人が，生まれてきてよかったと思える社会の実現」を臨床研究者としてもっとも大切にしたい価値に掲げ，研究，臨床，教育，執筆，講演等を行っている。

主な著書に，『対人援助職に効く 認知行動療法ワークショップ―専門職としての力量を高める３つの力』（中央法規，2017），『一人で学べる認知療法・マインドフルネス・潜在的価値抽出法ワークブック―生きづらさから豊かさをつむぎだす作法』（遠見書房，2021）など多数。

古村由美子（ふるむら ゆみこ）

名古屋外国語大学外国語学部教授。九州大学にて比較社会文化博士号取得。専門分野は異文化間コミュニケーション学，コンフリクト・マネジメント，英語教育。

主な著書に，『成人バイリンガルの「断り」場面における対人葛藤対処方法に関する研究』（花書院，2011），共同執筆に Critical cultural awareness: Managing stereotypes in intercultural (language) education （Cambridge Scholars Publishing, 2013，２章担当），共同訳書に『相互文化的能力を育む外国語教育―グローバル時代の市民性形成をめざして』（大修館書店，2015），主要論文としては，"The effect of online exchanges via Skype on EFL learners' achievements." EUROCALL REVIEW, 27. No.2（2019）などがある。

中学生・高校生向けアンガーマネジメント・レッスン
怒りの感情を自分の力に変えよう

2023 年 2 月 15 日　第 1 刷

著　者　スーザン・ジングラス・フィッチェル
訳　者　佐藤恵子・竹田伸也・古村由美子
発行人　山内俊介
発行所　遠見書房

〒 181-0001　東京都三鷹市井の頭 2-28-16
株式会社　遠見書房
TEL 0422-26-6711　FAX 050-3488-3894
tomi@tomishobo.com　https://tomishobo.com
遠見書房の書店　https://tomishobo.stores.jp/

印刷・製本　太平印刷社

ISBN978-4-86616-160-0　C0011
©Tomishobo, Inc. 2023
Printed in Japan

遠見書房

イライラに困っている子どものための
アンガーマネジメント　スタートブック
教師・SC が活用する「怒り」のコントロール術
　　　　　　　　　　　　　　　佐藤恵子著
イライラが多い子は問題を起こすたびに
叱責をされ，自尊心を失う負のスパイラ
ルに陥りがち。本書は精力的に活動をす
る著者による 1 冊。2,200 円，A5 並

ポリヴェーガル理論で実践する子ども支援
今日から保護者・教師・養護教諭・SC がとりくめること
（いとう発達・心理相談室）伊藤二三郎著
ブックレット：子どもの心と学校臨床
（6）ポリヴェーガル理論で家庭や学校
で健やかにすごそう！　教室やスクール
カウンセリングで，ノウハウ満載の役立
つ 1 冊です。1,980 円，A5 並

一人で学べる認知療法・マインドフルネス・
潜在的価値抽出法ワークブック
生きづらさから豊かさをつむぎだす作法
　　　　（鳥取大学医学部教授）竹田伸也著
認知行動療法のさまざまな技法をもとに
生きづらさから豊かさをつむぎだすこと
を目指したワークを楽しくわかりやすく
一人で学べる 1 冊。1,320 円，B5 並

よくわかる 学校で役立つ子どもの認知行動療法
理論と実践をむすぶ
　　　　（スクールカウンセラー）松丸未来著
ブックレット：子どもの心と学校臨床
（7）子どもの認知行動療法を動機づけ，
ケース・フォーミュレーション，心理教
育，介入方法などに分け，実践的にわか
りやすく伝えます。1,870 円，A5 並

ポリヴェーガル理論で実践する子ども支援
今日から保護者・教師・養護教諭・SC がとりくめること
（いとう発達・心理相談室）伊藤二三郎著
ブックレット：子どもの心と学校臨床
（6）ポリヴェーガル理論で家庭や学校
で健やかにすごそう！　教室やスクール
カウンセリングで，ノウハウ満載の役立
つ 1 冊です。1,980 円，A5 並

クラスで使える！　　　（CD-ROM つき）
ストレスマネジメント授業プログラム
『心のメッセージを変えて気持ちの温度計を上げよう』
　　　　　　　　　　　　　　　竹田伸也著
認知療法が中小のストマネ授業教材とし
てパワーアップ！　付録の CD-ROM と
簡単手引きでだれでも出来る。ワーク
シートの別冊あり。2,860 円，A5 並

クラスで使える！　　　（CD-ROM つき）
アサーション授業プログラム
『自分にも相手にもやさしくなれるコ
ミュニケーション力を高めよう』
　　　竹田伸也・松尾理沙・大塚美菜子著
プレゼンソフト対応の付録 CD-ROM と
簡単手引きでだれでもアサーション・ト
レーニングが出来る！ 2,860 円，A5 並

ひきこもりと関わる
日常と非日常のあいだの心理支援
　　（跡見学園女子大学准教授）板東充彦著
本書は，居場所支援などの実践を通して
模索してきた，臨床心理学視点からのひ
きこもり支援論です。コミュニティで共
に生きる仲間としてできることは何かを
追求した一冊です。2,530 円，四六並

学校で使えるアセスメント入門
スクールカウンセリング・特別支援に活かす臨床・支援のヒント
　　　　　　（聖学院大学教授）伊藤亜矢子編
ブックレット：子どもの心と学校臨床
（5）児童生徒本人から学級，学校，家族，
地域までさまざまな次元と方法で理解が
できるアセスメントの知見と技術が満載
の 1 冊。1,760 円，A5 並

学校では教えない
スクールカウンセラーの業務マニュアル
心理支援を支える表に出ない仕事のノウハウ
（SC ／しらかば心理相談室）田多井正彦著
ブックレット：子どもの心と学校臨床
（4）SC の仕事が捗る 1 冊。「SC だより」
や研修会等で使えるイラスト 198 点つ
き（ダウンロード可）。2,200 円，A5 並

価格は税込です